智慧就在
教养困境中

鲁杰 著

贵州出版集团
贵州人民出版社

图书在版编目（CIP）数据

智慧就在教养困境中 / 鲁杰著. -- 贵阳：贵州人民出版社，2012.7

ISBN 978-7-221-10419-9

Ⅰ.①智… Ⅱ.①鲁… Ⅲ.①家庭教育 Ⅳ.①G78

中国版本图书馆CIP数据核字（2012）第165108号

智慧就在教养困境中
Zhihui Jiu Zai Jiaoyang Kunjing Zhong

作者　鲁杰

责任编辑　武波　范春雪

贵州人民出版社出版发行

贵阳市中华北路289号　邮编　550004

发行热线：010-59623775　010-59623767

北京诚信伟业印刷有限公司

2012年10月第1版第1次印刷

开本　710mm×1020mm　1/16

字数　102千字　印张　10.25

ISBN 978-7-221-10419-9

定价　20.00元

版权所有·翻印必究　未经许可·不得转载
如发现图书印刷质量问题，请与本社联系。

目 录

代 序	成功教养，是成熟生命体验的传递	1
Part1	**天地在你心中**	
	这些人怎么总在我心里添堵？	5
	发现他人的长处，帮助人家掩盖不足	7
	要选择健康的精神食粮	8
	至精至柔才能至诚	10
	外界是面镜子，照出你的心	12
Part2	**真爱唯一**	
	那些常挂在心间挥之不去的烦恼	14
	你在"守一"吗？	16
	迷途不知返时错乱百出	17
	安定平静才能守住唯一真爱	19
	守住真爱需要长年做功课	21
Part3	**家庭是一个完整的生命**	
	夫妻有分歧对孩子个性有影响？	23
	夫妻分歧升级之后	24
	孩子的心是家庭的心	25
	只有一个家人在受伤害吗？	27
Part4	**你爱孩子的心吗？**	
	好孩子竟然不想上学了	28
	现代社会增多了聪慧的"精神孤儿"	30

	生命与心灵有一个和谐的约定	32
	寻找内在的和谐，每一天	34
Part5	**谁能理解你，能干的女人？**	
	家人经常让你抓狂？	37
	你怎么确定自己的价值归属？	39
	命运之谜要用一生破解	42
Part6	**是我还没有把自己培养成熟**	
	孩子和大人都有孩子气	44
	请让所有孩子气的家人都慢慢长大	46
	家庭教育的大境界——"优秀班主任"	49
Part7	**物质提供 VS 心灵关怀**	
	为你付出了那么多，为什么你还不努力？	52
	物质、成绩、电脑游戏交织出的怪圈	54
	你认为关心自己和孩子的精神很重要吗？	56
	心灵与爱本就是一体	57
Part8	**独立，使心灵成长得更自由**	
	全家人她只欺负我	59
	追求过度自由一定要受到约束	61
	精神彼此独立是父母给孩子最好的爱	62
Part9	**调伏你的情绪如降伏无数头猛兽**	
	谁脾气大就该谁做主？	64
	孩子随谁的气息而动？	65
	一个人的情绪，大家的责任	66
	请调伏你的情绪来滋养孩子的健康气息	67
Part10	**教养行动要有远见**	
	孩子没头没脑、没心没肺，不对自己负责？	69

今之果，昨之因　　　　　　　　　　　　70
　　教养孩子重在清晰的远见　　　　　　　72
　　沉思自己的生命与生活　　　　　　　　74

Part11　请用心体察与关注那些潜移默化的家庭气息
　　一件由谁来洗碗的小事　　　　　　　　75
　　家庭里的一件小事是家庭是否健康和谐的全息投影　76
　　无意间的影响远胜过有意的教育　　　　77
　　在最平淡无味的相伴中，有最纯粹的善良　79

Part12　你究竟能不能静下心来学习？
　　儿子闹腾得真让人伤脑筋　　　　　　　81
　　聪明异常的大脑与狂乱的心　　　　　　83
　　父母的个性与生活方式之缺憾　　　　　85
　　父母要用一生完成对自己的教养　　　　88

Part13　你是否能适应随时的变与动
　　儿子总是出状况真让人不省心　　　　　90
　　你是否察觉到了生活中随时存在变与动　92
　　你的爱中夹杂着什么吗？　　　　　　　93
　　保有纯洁的爱及明察的心助你以静制动　95

Part14　读书人的教育理想与现实生活
　　谁都跟你对着来吗？　　　　　　　　　97
　　动脑思考与本能直觉的冲突　　　　　　98
　　生活中的感悟是最好的老师　　　　　　100

Part15　让粗浅在觉悟与修养中磨得精深
　　妈妈万般痛苦是为何？　　　　　　　　101
　　粗暴简单的时刻也要记着尊重孩子记着自尊　102
　　不想在磨难中成长，就要不断在觉悟修养里成长　104

Part16　做一次孩子试试
　　你有时真的让我很烦　　　　　　　　　　　106
　　请用心滋养孩子的成长　　　　　　　　　　108
　　走出个性孤岛，一念之间把心打开　　　　　110

Part17　家庭教育不一致是为何？
　　教孩子知识、教孩子遵守规矩也不对吗？　　112
　　价值观差异与情感隔阂的深重阻挡　　　　　114
　　不能用放纵的妄语把丈夫推到对立面　　　　116
　　家庭教育只追求和谐不追求完全一致　　　　117

Part18　真爱无疆
　　我最爱的真是你　　　　　　　　　　　　　120
　　父母对孩子的暗示与影响　　　　　　　　　122
　　不安来自于内心世界的狭窄和黑暗　　　　　125
　　孩子自我接纳的功课需要父母圆满的爱来完成　128

Part19　善待孩子就是开恩自己
　　女儿的气性何来如此之大　　　　　　　　　130
　　女儿是妈妈的镜像？　　　　　　　　　　　132
　　要让你的内心渐渐温暖而开阔起来　　　　　135
　　父母要用一生去完成的功课　　　　　　　　136

结篇寄语　每个孩子都有独特的"成长个性"
　　孩子的个性会随成长"变脸"　　　　　　　140
　　孩子的"成长个性"如何在内心世界显现　　141
　　父母要准备面对的是：孩子成长中的个性矛盾　154
　　成长中的孩子需要父母做什么？　　　　　　155

代　序

成功教养，是成熟生命体验的传递

在我们一生中，无论外在的世界看起来、听上去、触摸着有多么真实，我们所经历的人和事都一定会出现在我们的心理世界。在孩子的心理世界里，伴随他一生，从始至终，都有一对最亲爱的人与之形影不离，那就是你们——父母。

父母，是孩子与生俱来的财富。在其童年，父母的世界，几乎就是孩子的全部天地；在其一生里，父母心底的爱，是孩子来到这个世界并热爱这个世界的根本理由。

是先有孩子的行为问题，还是先有父母的个性偏差？不可否认，每个孩子，都有着先天的气质，有的活跃，有的安静，有的过于敏感，有的迟钝，有的外向，有的更内在，有的心力稳定而强大，有的则天性较为摇摆而虚弱。然而，心智较弱的个体一定会被心智强大的个体所吸引，所感化，所作用，所影响，如同卫星被行星所吸引，行星又坚定地围绕着质量更大并且自身能发出光热的恒星旋转，孩子一旦被"抛"到这个有声有色的有形世界里，他就带着自己的身体，以及属于自己的那些先天气质，围绕着父母旋转着，变化着，被改变着，成长着，被形成着，感受着，被感受着，潜移默化，相续不断，展开了他自己的人生旅程。

孩子是怎样一回回被熏染而养成了习气？又是怎样一次次被陶冶而净化了心灵？父母的心理世界发生什么变化，与之相应的，孩子就会出现什么景象。孩子的行为个性是镜像，映衬出了父母内在与外在的景象，这些景象与镜像，如天空中的云，随时在生成变化着，消失生长着，孩子的气质也因后天的环境而被塑造着、放纵着、压抑着、掩盖着，逐渐变成了个性：好奇或麻木，丰富或苍白，机智或迟钝，深沉或浮浅，独立或依赖，自主或随波逐流，主动或被动，勤奋或懒惰，真诚或虚伪，宁静或焦虑，自律或放纵，谨慎或粗鲁，责任感强或疲软懈怠，前者都代表着成熟与真爱，后者则意味着仍需成长仍待成熟；有时，甚至同一个躯体和心理，却同时具备着个性的矛盾对立面，既勤奋又懒惰，既消沉又上进，既善良又残忍，既活泼又拘谨，既软弱又坚强，这些更是让孩子内部冲突与争斗不已，内心不和谐的人，人际关系产生冲突在所难免，个性成熟的历程更充满了艰辛。

如果说个性决定命运，那么，形成个性的过程则是源于生命体验的传递。成熟的生命体验，结出成熟的种子，心智成熟的父母传递下去的，是成熟的真爱种子。

在孩子童年的某一时刻，无论是孩子紧张害怕时妈妈一次紧紧的拥抱入怀，还是迷蒙进入梦乡时父亲带着胡楂硬刺的轻轻触吻，或是父母带着自我中心的神情与语气对孩子的一次次的痛心责骂，这些气息与信息，都带着无限的含意，如无数粒神秘的种子，印留在孩子心中，直至他长大成人，直到他结婚生子，直到他走到人生旅程终点……父母所有最细微的神情、语气、动作，都富有无限的含意，都变成了孩子生命中最重要、最内在、最核心的那一部分力量。

可是，许多父母还是等不及，他们还是想要立刻知道：我怎么才能让我的孩子在不听话的时候，七秒钟之内就听我的话？不该做的事情就马上停止，该做什么马上就去做？过了七秒钟后，我就该爆发了，我会急躁，会声调高，语速快，语气强硬而焦虑，甚至脸上的肌肉也会变形，我会用最狠最解气的话损骂孩子，一股激烈急躁的气会扬起来我的手，不打到孩子的身上我会发狂。过后，我会对孩子愧疚，孩子不记仇了，始终不渝地爱着我，可我看着他脸上的手印，会感觉比打在我自己脸上还疼……越是常常感到焦虑并且暴躁的父母，越不习惯于反思，越不会去想克制与收敛，而只是渴求绝招，越是渴求教养绝招、热衷于成功捷径的父母，往往越不会平凡谦卑地去反身向内，越不会去坚信觉悟与修养的力量。

对于孩子的不听话、磨蹭、顶嘴、好动、注意力不集中、贪玩等这个或那个问题，我应该怎么办？我不知道用什么方法。需要药的时候就是出现了病，病去了，药也不必要留了；问题出现了，方法才被需要，问题如果不在了，方法自然失去功用。而制造出问题的人往往很难自己解决问题。问题是孩子的，还是只出现在父母心里？即使的确是孩子的问题，每一个问题，都有着无限的成长意义，而不仅是父母所要去解决的那个问题那么简单。

如果父母的心理世界没有矛盾，不起冲突，内部会自己净化，念念纯净，不想当然，那么，外部的世界就是简单、纯洁、祥和的；否则，心中起了矛盾，有了对立面就有了染污，染出外部人际关系的冲突。

孩子的问题，是父母个性心理矛盾的产物。

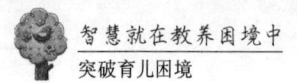

家庭教养中,父母的内心要尽力保持纯净、纯洁,让那些委屈、抱怨、疑惧远离我们的心,我们不会因此变得更傻,只会因纯洁诚实而更具有智慧。

纯洁的心灵最值得被爱慕,父母心地纯洁,就一定要做到"守一",即只守住一个最重要的愿望,这个最重要的愿望就是:把你在人世间所有的愿望集合在一起,表达出来的唯一的愿望,真爱是唯一的。每一个人,所有的愿望、期待、渴求,甚至欲念,都要守住这唯一的真爱。

"我见青山多妩媚,料青山见我应如是。"平和的父母,才能遇到听话的孩子;有慈性才能有磁性。无论何时,都试着让你的心柔顺起来,专注于当下的此时此刻,就在那一派祥和喜悦的宁静中,祈求爱,爱孩子、爱爱人、爱老人、爱所有人,爱生命,爱生活,你就是在爱着最完整的心理世界。在那里,你的身心一定能体会到夕阳与暮色交接时,不是夜晚无止境的黑暗,而是休养生息时美好的静默,你更能体会到:这一端刚刚拉上夜幕静休的同时,却是下一端欢欣鼓舞迎接日出的时刻。能意识到生命中无限宁静与无限活力的人,才可以享受生命,享有爱。

坚信每一份最卑微的力量、每一丝最微弱的热情、每一点滴的感与知的积累,在教养中坚持去觉悟,去修养。坚定地一直觉悟修养下去,你能发现,在教养困境中,智慧与爱一直与你、与你心爱的人们同在。深深地祝福每一个生命都能真诚、纯洁、宁静、自主、勤奋、自律、朴素、严谨、柔韧、深沉、独立……成熟的生命一定拥有大智与大善。

Part 1 天地在你心中

这些人怎么总在我心里添堵？

最近家里的事情和工作的事情搅和着一起来给欣颖的内心添堵，本来黄黑色皮肤上的黑斑更加明显了，她的心更烦乱了。

可爱的女儿渐渐长大一些了，欣颖却不知怎么越看女儿越觉得不顺眼。自从把孩子接小家来住，她发现，女儿早上起床、吃饭和出门都特别磨蹭，晚上写作业也磨蹭，一说她她还别别扭扭地跟妈妈翻眼睛，跟她爸一样让人看了就有气。欣颖自己都不知道从什么

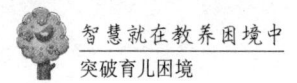

时候开始,她喷着怒火想盖住别人声音的说话方式已经被女儿和丈夫视为"咆哮"。女儿虽然停止顶嘴,可似乎为了气她"毛病"反而有增无减了。

女儿皮肤挺白嫩,女孩子秀美脸蛋的模样也渐渐露了出来,可这么大的女孩子了,怎么说发胖就胖起来了呢?小时候只是觉得她长得很结实,也没有想到现在成了个胖姑娘,大腿粗得让当妈妈的她不忍目睹。不行,一定要给她上减肥班!可自己工作特别忙,还要在报纸上给女儿找减肥班,又怕女儿吃不了苦,欣颖就格外怪公公婆婆:我把女儿信任地托付给你们,几年来天天在你们家吃住,把我女儿的体型吃得这样寒碜,你们有不可推卸的责任!女儿每天面对妈妈对自己身材的讽刺,时而装作平静无知,时而在别的事情上突然变得心情很不好,特别爱发脾气。

女儿体型的问题近来成了重压在她心上的石头。一到公婆家,欣颖就绷着脸,很不高兴的样子,而公婆恰恰是那种特别本分老实、心里有怨言也不愿与儿媳妇起冲突的老人。可公婆越是忍着,欣颖越是气撒不出去,跟丈夫天天一张嘴说话就犯横,丈夫说什么她都觉得不对劲,都觉得特别刺耳不中听,而丈夫说欣颖恐怕提前到更年期了。

欣颖每天上班特别辛苦,虽说收入还可以,可在单位里做财务主管一点儿都不轻松,月初、月底、年初、年底,每个数字都不能出任何差错,更何况做财务,还要帮老板"摆平"许多不能公开的"账",心里时常有些忐忑不安,既怕惹火上身,又需要这份工作。欣颖又属于那种特别认真甚至较真儿的人,业务员们总想多蹭出一些没有名头的消费来财务这里"报销",不给批就软磨硬泡地耍赖,要很凶的样子才能"镇"住他们；其他会计和出纳不像她这样负责任，整天嘻嘻哈哈，脑子闲着绝不肯为她为公司多考虑多负担一点儿事情。

发现他人的长处，帮助人家掩盖不足

生活中，通常来说你更喜欢发现别人的长处和优点，还是更容易突出别人的不足？

欣颖说，有朋友认为她的烦恼是太追求完美，所以总是不满足。真的是这样吗？追求完美的人就应该整天拉着脸，让家人、让自己都很不快乐吗？用追求完美来换取快乐，岂不是成本太大了？再说，沿着这条责怪别人的路走下去，最终能追求得到完美吗？恐怕还没有感受到完美的只鳞片爪时，大家都已经产生更多的不完美了。

越是强调别人的某点不足，越是强调生活中所有令你不满意的人与事，你就越是感觉到天昏地也暗。为什么会产生这样的感觉呢？生活本来很美好，到处都充满了令人愉悦的事物，每个人身上都有闪光之处，可如果你心里生起一个不好的念头，它就形成一片乌云，你用这一片乌云看投射在地上的影子，的确随处都是阴影。扩大并强调别人的不足，会让当事者双方都感到风雨欲来的不安。

这片乌云并没有遮住天，只是遮掩住了欣颖的心。

也许是天生秉性，也许因为做财务工作，欣颖很较真儿，每个问题都要有答案，每个结果都要有原因，可她偏偏只得出属于她自己的答案、她自己承认的原因。的确，欣颖很勤奋也很负责任，她

充分肯定自己的勤奋和责任心，然后从自己的角度出发，就认为所有人都是错的，只有她自己正确。

总在强调自己的长处，也是一片乌云。一个人仅仅有责任心，仅仅勤奋，是远远不够的，欣颖要善于借助观察强调别人的长处来达到自己的期待。

与人相处，你更在意大家的心空是否晴朗，还是你的心空是否晴朗？有的女人曾经这样说，在家里，谁也不能让我不高兴，只要我不高兴，全家人谁也别想好过，包括我女儿、我丈夫、我婆婆。可她总盯着别人的不足，怎么能高兴得起来？她不高兴，全家人怎么能高兴健康起来？

每个人都有他最可爱的地方，每个心灵都渴望阳光渴望慰藉，你是否感受到了所有家庭成员的心？你能否发现并时时牢记别人的每一点滴的可爱之处？你愿意许下这巨大的心愿吗？这可是一种极大的本领，这样的女人会让自己非常愉快，全家也非常愉快。可这样不会把人惯坏吗？不会，在不断发现并强调别人长处的同时，一定要尽力帮助对方掩盖缺点，时间久了，缺点渐渐就没有了土壤，会自行消失。

要选择健康的精神食粮

强调别人的错误是一种不良嗜好。

可能许多人都已知道了"胜肽"这一词。如果一种念头和情绪产生，相应的化学物质"胜肽"也在体内产生并通过血液被运送到全身的每一个细胞；如果这种抱怨的情绪和念头不被清醒的意念控制，身体会对这种化学物质产生依赖；当那些抱怨的情绪和念头还没出现的时候，身体就会出现饥饿感，已经在期待这些"食粮"了。更糟糕的是，就像背诵单词、复习学过的数学公式一样，如果行为和身体总是复习这些"知识"，大脑则会产生相应的神经细胞的联结，这样连着大脑和全身，都一起告诉你的内心，所有人都太可气。

欣颖的不良习惯，确切地说，是不良嗜好已经产生，因此她总能习惯性地看到别人的错误、别人的不好。她就像一个安全员，到处检查着危机，到处看到了危机，似乎大家都过得那么闲适，只有她一个人的心里装着所有的难题。

尽管会让别人痛苦，她还是表达出了她的不满。过后欣颖清醒时也觉得这样不好，但强调、挑剔别人的错误似乎是一种肚子没有底的海怪咆哮怒吼着要"食粮"。她就要向爱人、向孩子咆哮怒吼着，面目狰狞着，以别人的痛苦做自己痛苦的"食粮"，甚至当她看到爱人被她骂得很烦躁摔东西、孩子的头自卑地勾到胸前时，她会暂时感到一种很舒服很释放的感觉。欣颖认为，只有把他们折磨成这样，他们才能真正觉醒，记得住他们自己犯下的错误！

然而，强悍本因性情放纵好斗，而不主要是因为有强烈的责任心。

欣颖习惯于发现别人的不足，就发现了争斗的对立面。那些爱争斗的人们很善于发现矛盾并冲入战场。可以说，争斗给他们带来一种"活力"，是他们生活中的主要精神食粮，但不是健康的精神食粮。

事实上，许多好静而喜爱平淡生活的人，明月清风就是他的精神食粮，一片落叶、一个微笑、书中的一句话，都会在他心中涌起

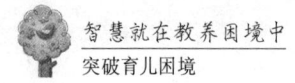

共鸣与感动，滋养着他生命的活力。他的心很细，很容易发觉常人不易察觉到的细微美好事物，因为心细，反倒心宽，给自己和别人非常宽阔的心路。他总是很知足，也很热爱生命，素朴与宁静是他的精神食粮。与这样的人相处，对于家人和同事来说，如同置身于清新安详的自然界中，令人心旷神怡。

至精至柔才能至诚

压制住孩子不让她有说话的机会，是非常粗暴、简单和幼稚的做法。

欣颖回忆说，小时候自己母亲工作很忙，个性也很强，学习上生活上总对她很不耐烦。如果自己学习生字时发声与妈妈不一样，妈妈总会很强权地纠正她。她特别想解释一下自己如何学会这样发音，或者问一下其他相关的问题，妈妈的声音则变得更高，压制住她想要表达的愿望。很简单，妈妈只要女儿承认错误改正错误就行了，并不想听女儿说其他的"废话"；妈妈只想强调自己说的是什么，而不想听女儿说的是什么。欣颖觉得妈妈太霸道，她说不出"自我中心"这个词，只是总觉得很伤心、很孤独。

自己当了母亲后，欣颖也发过誓，教育一定要民主，性情一定要柔和起来，一定不能像母亲对自己那样对女儿，可工作一忙，时间一久了，那些心里的誓言就淡忘了。再说，孩子放在爷爷奶奶那儿好几年，自己天天加班，月月忙报表，和女儿在一起时就是带她出去玩，给她买东西，过春节也是忙活着年饭，到处看亲戚。

每天都活在事务中,并不代表通过做事已经使自己的心灵成长了。事务的规则很粗泛,远没有人的心灵精细敏感,尤其是在孩子的教育面前,所有做事的才华、能力、成就都要归零。现在的孩子们会的知识特别多,尊严感特别强,要求被尊重被理解,甚至有的孩子爱真理爱面子甚于爱父母。因此,当代的父母们都要努力去找寻心灵相会时那最精细敏感的接触,在与孩子眼神相交最微妙的时刻,孩子就读懂了你的爱心,这样的精微心理才能真正打动孩子的心,而责骂抱怨更是粗重无比,只能使亲子双方更烦恼,彼此的心灵更封闭。

做事是需要决断力的,来不得犹豫不决和优柔寡断,而孩子的教育则是需要细水长流的。《易经》六十四卦里有一个"蒙卦",其卦象是上面是山,下面是水,对孩子的启蒙应该是从山上流下来的涓涓细流,只有这样才能滋润孩子幼小的心灵,而不应是瓢泼大雨或滚滚洪水。事实上,对待所有人的心灵都应该以柔克刚,至精至柔的人才最真诚,真诚最能打动人心。

欣颖要面对的,不是孩子的教育问题该怎么解决,而是她自己长年该做什么功课。她要长年做一种静思反省、精细体味人心的功课,是调控好自己情绪再面对孩子的功课,这样,她的调柔能力才会很强,很容易观想孩子的道理,也很有灵性,与孩子通心。

欣颖说,自己长年不怎么带孩子,现在孩子又总在她身边,每天疲于应付生活,没精力让她做功课。的确,如果没孩子,她没有情境去训练,有了孩子,她又开始整天忙于事务……无论如何,心中坚定地去朝着更柔和而敏感的方向去努力,不管到什么程度,只要一直在坚持就好。

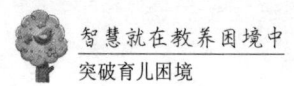

外界是面镜子，照出你的心

设想一个无限黑暗的空间中，一线光明从一个物体的缝隙中射出，光明所照之处，了了分明，物体没有缝隙的地方，就没有光线射出来，没有光线射出来的地方，就看不到任何景象。试想，如果这个物体是通透的，没有任何遮挡，它内在的光明向外自由播洒，周围的环境也就被照得光明透亮。

这，就是你的心。心灵本身就被爱所充满，就拥有自在光明，就被赋予了大智慧，为了心爱的孩子，你更是愿意全力发现内在的光明和智慧。可时常，会有不良习气、不良情绪、不良念头遮挡住它的光明，于是我们只能感受到灰暗和沮丧。可我们也有感受到爱、感受到欢乐的时刻，也有勤奋向上、努力付出、得到成就的肯定的时刻。心性向外投射的半路上，或明或暗地形成了每个人各自的个性。

每个人的心性都光明，可每个人的个性都不同，有优势有劣势，而且，这些个性中的优势劣势都是彼此相互连接的。比如责任心过强的人就容易指责别人，使别人拒绝听他的话；同情心特别强、心理过于柔软的父母，则容易助长孩子的不良习惯，比如躺着看电视，比如孩子咳嗽的时候仍要吃糖，父母也无力拒绝。孩子的个性随着父母或性情温和或冷热不均，或坚涩过硬或放纵瘫软。

父母的心性在照亮着孩子的心性，父母的个性在潜移默化地影响着、参与生成着孩子的个性。

心性被遮挡住的地方，形成了人的个性，个性如何，外在的言行则有相应的投射。

有的人内在不能够放出更多光明，个性上就犹豫不决，品德上显得不够真诚，言语神情上总是含混模糊闪烁，好像哪里堵塞住了需要通畅；而个性矛盾、情绪激烈、报复心重的人，总能发现和别人有分歧的地方，总习惯于抱怨他人，总强调别人的不足，自己心里又疲惫不堪又委屈愤怒；而有的妈妈则内在核心明亮清澈，外在相貌行为通透宜人，肯吃苦耐劳并忍辱负重，这样的妈妈不用刻意去修饰掩盖清理外表，就能让人感到她心地自然纯净，神情纯洁真挚，举手投足扬眉瞬目间都透露着淡定的优雅。与孩子交往时，孩子会被妈妈的真诚、自信、恳切所打动，自会感到和平友好，觉得妈妈说的话、做的事都是那么清晰而美好，自然明确地向往去做和妈妈一样的人，这不是亲情的感染，而是人性中最美好的感召力量，这才是真正有效的亲子教育。

你的心有多明辨，真理才有多清晰，我们要每天都去努力洗心，洗心才能革面。

你的世界在你的心里，不管外界发生什么事情，不论你想要教训谁，请先要照管好自己的这颗心，让它透出宁静和光明最重要。

要想照管好自己的世界、自己的心，请坚定不移地爱你的世界中的所有人、所有事。

Part 2 真爱唯一

那些常挂在心间挥之不去的烦恼

梁红本来是为了谈孩子学习不用心的事情，说孩子特别好动，一会儿都坐不住，作业老也完不成，你还不能说他，一说，孩子就跟她急，不让妈妈说。谈到孩子跟她急，她说，孩子这一点特别随"根儿"，孩子他爸爸也是那样。接着，梁红又谈到了丈夫也总是因为孩子的教育的事情跟她急，有时一句话不合他心意，丈夫都能把饭碗给砸在地上。

丈夫经常在外地出差，一有孩子不听话的事儿梁红就跟丈夫打电话，没说两句话，两人就在电话里争吵起来，有时一吵能吵两三个小时。有一个月，丈夫长期在外面出差，居然长途加漫游的电话费打出来两千多块钱。梁红说，这两千多块钱主要是吵架的费用，往往都没怎么说正事就吵起来了。

反过来，她又说，孩子对他爸爸也很不服气，爸爸管教他时孩子根本都不听，经常顶撞。梁红说，孩子知道他爸爸的很多在外面"不好"的事，什么朋友都没有，唯独来往的那两个也混得不怎么样；还有，对爷爷奶奶家怎么上赶着好，花了家里不少的钱往那边贴，人家爷爷奶奶甚至包括大姑和叔叔都不领情，爷爷奶奶家里人还对爸爸特别不尊重；再有，没什么本事，挣钱不多每天都在外面瞎忙活，学费全是妈妈挣出来的，可妈妈天天照顾他哪有时间挣更多的钱？家里的沙发下面和床底下随时一翻，都能翻出来一堆爸爸穿过的臭袜子和秋衣秋裤，他还总嚷着没东西穿，窝囊死了！梁红说，他爸这么多的"毛病"，孩子当然不尊重他了，这些都是在情理之中的！

听梁红的语气，原来，在她对丈夫感觉很不满的时候，她就经常对孩子说爸爸如何如何不好，好多事情就是在这个时候让孩子知道的。梁红抱怨道，关键不是孩子的问题，是孩子他爸爸的问题，如果他爸爸改好了，孩子就能好。

此外，梁红对跟自己同住的父母也有怨言，说姥姥姥爷太惯孩子，姥姥是什么事情都包办代替，不让孩子做，孩子学习上懒懒散散的没有主动性主要是因为生活上很被动；而姥爷呢，孩子吃饭前一说饿，姥爷就总要给外孙子零钱让他下楼去买零食吃。梁红说，

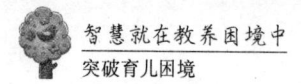

饭前怎么能让他吃零食呢？他又该不好好吃饭了；姥爷也急了，饭前饿了怎么就不能让他吃点儿东西呢？总之，大人都是这样，孩子怎么能好得起来呢？

你在"守一"吗？

最初一看到梁红，你能感觉到她特别焦虑，特别为孩子的学习习惯操心，渐渐地细品后发现，其实她最需要的是倾诉和证明。她想倾诉生活的压力，想证明孩子的问题都是由其他家人造成的。

的确，梁红在家里做了许多家务，而孩子的扶养和教育主要也是她多做了一些，她感到不公平和委屈，也抱怨生活压力太大，丈夫根本不能与她共同承担。那么，梁红到底是想要表达自己的委屈，向别人倾诉她的不容易，还是想要证明都是别人不好，还是想要孩子发展得更好呢？这是需要每一个父母都深思的问题。

一个人在家庭生活中，会有许多愿望，每个愿望与愿望之间，期待与期待之间，一定会产生冲突，自己内心先选择愿望和期待，有所决断放弃，然后再展示出自己的言行，别人就会知道你的心意。如果心意纯洁而坚定，所有的人都会被你感动，所有的人都会来帮你实现这个愿望；如果愿望过于杂乱，从内心世界传递出来给别人的信息和感觉就十分混乱，别人就难以捕捉到：你到底想要的是什么？

如果一个家庭中所有人的所有愿望都能坚定地指向一个最大的愿望，那么，这样的家庭一定会非常凝聚和睦，家庭成员之间彼此的心意会非常默契相通，每一个人的每一个愿望都会十分清晰地被别人感知到,并且获得帮助尽快地实现,这样,才是一个真正幸福的家庭。

守一,归一,守住爱,归属于真爱,是家庭中几乎最重要的问题。

在梁红的家庭教育中,一边是孩子的成长,一边是自己内心的情绪情感纠结。她说,再累的活她都可以做,再大的贡献都可以让她付出,关键是对丈夫和老人的抱怨和不满让她很压抑,很想发脾气。她也知道抱怨不好,也知道发脾气争吵不好,可撒了气之后,她会有暂时的舒服。但这样真的不利于孩子的成长、家庭长期的和谐相处,对此,梁红说她以前想得少,没考虑到会有这么深的影响。

迷途不知返时错乱百出

经常不知缘由地,我们就会产生莫名其妙的不良情绪,其实,在情绪产生之前,已经有许多原因在起作用了,是我们自己不成熟的个性,对事物认识的局限、对自己认识的局限、对他人认识的局限,产生了对当前某件事情的误解。一个人,越不成熟,世界观认识越狭窄,误解也就越深。误解越深的人,情绪就会越激烈,越显得义正词严、义愤填膺,再通过强调,反复复习刺激,最终觉得自己十分正确,其他人都不可理喻。

当一片消极的情绪乌云来临的时候,如果你不及时看住这片乌云,没有小心应对消极情绪本身,它就会迅速蔓延至你的全部身心,由此,就会产生无数片面而错误的、不合情也不合理的判断:

孩子稍微用心就能快速把作业写好,他完全有这个能力,他就

是故意在气我！我不能让他得逞，必须要惩罚他，让他记住。孩子可以用心，但用心这个能力也需要妈妈培养。

丈夫完全有能力关心孩子关心我照顾这个家，可他就是偷懒不肯做，我要跟他沟通，可听到他的观点我就烦，根本听不进去一点儿，我就只想跟他争吵。丈夫也需要照顾，丈夫也有自己的个性、自己的观点，两个人之间是平等的，两个人的沟通是一生的事，不是交流一次就能完全达成一致的。

孩子姥爷一定要跟我对着干，偏偏要在吃饭前给孩子零钱去买零食！姥爷的好习惯也需要无数次培养；姥爷也有用自己的一点点收入来对心爱的晚辈表达情感的需求，只是这个需求需要慢慢调整。

当错误的判断产生后，消极的情绪会更加不断地累积，幻觉与妄念相继出现。这样，幻觉与妄念就像麻醉剂一样让人的头脑失去了知觉，人会过度地沉溺于莫名的烦恼，由此，忽略了多少真实存在的美好的情感，错过了多少深沉思虑的时机，亏欠很多时，很难补上。许多家庭就是这样年复一年、日复一日地纠缠在这样相互不懂理解、不能感受到爱的气氛中，彼此深深需要着，又彼此深深纠缠在一起伤害着。

每一个父母心里对孩子的爱都是深沉的，可有的父母在表达这种爱时，脸上的肌肉是扭曲的，说话的语气是恨恨的，孩子如何能感觉到你的爱？那些粗枝大叶、粗声大气的父母往往对生命的感受很粗钝，只看得到自己头顶上的那么一片乌云，只感受得到自己体内的不舒适、自己内心的不平衡，很少能感受到孩子的需求、爱人和老人的真实感受。

观察梁红给孩子洗头就像是在洗萝卜，好像这个"萝卜"不会疼，没有感觉，更没有尊严。她是在给孩子洗头，却又像是拿洗头这件事在撒气，一边按着孩子的头，一边气呼呼地用另一只手用力地抓洗，还抱怨着孩子如何不听话如何惹她生气。

像梁红这样对孩子列数丈夫的无数宗罪，并天天讲、重复讲，加深印象和记忆，这样"妖魔化"父亲，不仅不利于孩子形成对爸爸的正确认识，而且还会觉得妈妈是个"怨妇"，是一个不快乐的人。试想，妈妈充满了烦恼，在孩子心中根本树立不了一个健康生命的权威形象，一个人都无法使自己安心，又如何让孩子能对她心服口服呢？

父母一定不能经常向孩子传递对生活、对爱人的抱怨，更不能经常表达冷漠。抱怨不可能激活别人的感恩，冷漠也不可能索取到热情，而孩子在父母的抱怨、冷漠里学会的，则是面对生活压力和困惑时的处理方式。

安定平静才能守住唯一真爱

当今的父母并不缺少勤劳努力，也都开始渐渐更有知识学历，生活条件也是越来越好，但有一点却缺少了，那就是安神。太多的父母都是在没有平静，更没有达到深度的宁静即定神时，到处出击，由此激发起来的焦虑只会越来越多。尤其是许多妈妈从早到晚都是心慌意乱，到处责怪和埋怨，就好像痛苦是一种令人十分上瘾的滋味。越是这样，孩子就越会心猿意马，失魂落魄，注意力不集中，好的学习习惯、生活习惯都很难养成。

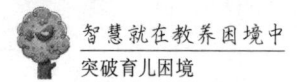

现在的父母们为什么如此不能安心？想要的太多了。物质不丰富经济较为贫困的年代，一夫一妻只要一结合，通常都是想好好过日子，好好对待孩子，善待这个家。遇到问题，都尽力忍耐克制，那个时候，物质虽然匮乏，但人的思想觉悟较高，大家彼此谦让，素衣淡食过得也很和睦。

现在的父母开始要得更多起来，不仅要物质丰足，还要自己工作上一定要出成绩，孩子一定要听话，成绩也一定要好，丈夫一定要配合自己，老人的教育也一定要和自己一致。这些愿望本身也都没有什么错，但要有个前提，就是你要追求自己内心的成长和成熟，否则，单方面追求一个愿望的满足，是注定要失败的，人也只能会越来越失落。

当你尝试着让自己学会越来越冷静，冷却一些节外生枝的热情与冲动，只追求唯一的真爱时，所有的愿望都会在不经意间实现。

在家庭中，只能守一，对孩子，对爱人，对老人，在处理每一个问题时，都要始终守一，只是为了大家都好，为了全局好，为了长久好，而不是眼前自己暂时痛快了再说。为孩子付出就不能着想着耽误了自己的工作自己的事业。闲暇时可以思虑如何安排好各方面的事情，但不要在为孩子付出时思虑自己的委屈。

要为了家庭好,就一定要学会像秋天冬天一样闭藏住一些情感。当你求得过多的时候，超出了大家的承受能力，你看不到的隐患和后患已经在产生。当你感到委屈、感到困惑时，要学会从容自在地收敛自己更多余的欲求，沉降冷落那些只会制造矛盾的心情，冷静严肃地面对自己的内心，而不是别人的内心。这样的父母，才更具有全新的生命活力。

守住真爱需要长年做功课

经常创造时间，冷静地面对自己。静胜躁，寒胜热，有时，妻子特别想跟丈夫沟通，只是想与丈夫争吵一次，"沟通"已变成了习惯性的情绪宣泄。教育是两个人的责任，但内心的成长是自己一个人觉悟的事，情绪渲染只能加深夫妻彼此之间更多的误解和矛盾，制造更多的障碍和麻烦。

如果想要沟通，请在沟通时，把语调尽量放低沉，语气也尽量镇定柔和，语速也尽力平缓。看住自己的内心，看住自己的语调、语气和语速，比跟对方斗气要重要得多得多！大家都停留在斗气上，问题根本不可能说清楚，对方根本听不懂你的心意，只听出来了你很急躁，很想伤害别人。急急忙忙地争吵两个小时，不如诚恳认真地说一个字。

时常闭上眼睛，把自己想象成你的孩子，感受一下孩子的世界。你有着孩子的身高，有着孩子的学校环境和学业负担，当你的手变成了孩子的手，当你的眼睛变成了孩子的眼睛，当你的情感变成了孩子的依恋，你能感受到孩子的慌张和混乱，感受到孩子对世界的热爱和家庭和睦的向往，那时，你会为另外一个生命——世界上与你最亲的骨肉而感动。你进入他的世界，还保持着成人的理性，你会更同情孩子，也会更客观地看待孩子到底需要你做些什么，而不是只有抱怨和责骂。

内心经常充满祈求，外表保持沉默。在实际教育孩子的过程中，

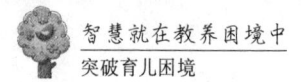

在与家人相处的过程中，要端正而虔诚地对待爱、祈求爱，慢慢地一步步地摸索和引导。当对方发生改变时，你要表示喜悦和欣慰，这是对他良好行为的一次强化，只要他感到快乐，下一次仍然会去重复令你欣慰的行为；如果他有反复，松劲了，滑坡了，你可以继续提出期待，心里默默地祝愿，点点滴滴的祈愿积累，就一定会发生奇迹。

看待每一个事件，都尝试着看能否发现新的视角。当你看待每一个事件时，都不用固有的观念去看待它，而是充满了好奇和探究，那么每一件事都是新的。每天看孩子、看丈夫都是充满活力的，每次看别人的笑脸都是新的。当你经常用婴儿般的眼神去看待世界、看待他人时，别人就会感觉到你的诚意，他们能感觉得到：你似乎没有受过伤一样去爱，每天与孩子的眼神对接中，每天与爱人的心意相通中，都充满了无限了解孩子和亲子互动的希望，充满了对爱人无限的关爱与祝福。

将来有一天，在教养孩子的过程中，在与家人相处中，每一细微的感受都透过你的身体、你的心，不留痕迹，哪怕是挫折和烦恼，都会悄无声息地出现，又消失在你的心底。你无须忍耐，它们都能瞬间穿过你的身心，不留任何踪迹，那时，你就真正地学会了守住真爱，你能把一切都化成爱。你成就了真爱，你就真的成就了自己。

Part 3 家庭是一个完整的生命

夫妻有分歧对孩子个性有影响？

素惠的女儿学习成绩还算可以，有时能考到班上前几名。素惠一直对孩子的生活和学习都很负责，从小到大，女儿从来没有做过饭、洗过衣服、拖过地，她什么都不愿意让女儿做，就让她好好学习。她坚持认为，要想孩子学习优秀，必须多上课外辅导班。

然而，素惠的爱人则坚持认为，现在的大多数辅导班都只是为了赢利，而不是真正关心孩子的成长，那样对孩子的影响反倒不好。再说，孩子学习成绩本身也还可以，上太多辅导班只会加重孩子的身心负担。素惠则认为，小孩子就得学会多承担，承担才能成长，爸爸说这样的承担是不值得的、没意义的，不如周末和放假时让孩子做些自己喜欢做的事，做些家务事也好。

后来，由于素惠与丈夫的分歧越来越大，在孩子刚上小学不久，二人开始分屋分床睡觉，到现在已经七年了，对孩子教育的分歧仍在继续。夫妻每天都会为孩子的学习、生活上的小事争持不下，谁也没有注意到女儿的个性在悄然无声地发展着，直到有一天女儿因为一点小事不如意，就发疯一样地要死要活时，父母才发现，女儿的心理真的不太健康了。他们越认真思考心里越没底：女儿内向，不爱说话，遇到挫折很爱哭，问她为什么她也不说，表现又软弱又固执，让她做个决定时犹豫不决。

比如，妈妈问女儿，你爸不让你报课外班，你怎么不说你想报？女儿会说，是我爸不让我报的；爸爸问女儿，你妈让你报课外班，你明明不愿意上，你怎么不坚决反对？女儿又说，是我妈不让我说话的。如果孩子一段时间不理她，素惠更生气了，认为一定是丈夫挑唆，不让女儿跟自己说话、跟自己亲热，她也时常怪女儿：我什么活都不让你干，什么都替你想到了，你怎么还那么向着你爸？于是，她跟丈夫的冲突开始升级，每次都把丈夫骂得特别狠还不解气，而女儿的个性似乎更内向、做事更畏首畏尾了。

夫妻分歧升级之后

素惠现在只要一张嘴说话，就只说丈夫的缺点，只挑丈夫的错，实在没有什么可挑的，也会抱怨他个性沉闷乏味，跟他一起生活没意思，东西到处乱放，想找时却找不到，男人的活不爱干，女人的活不会干……有时丈夫急了就收拾点儿东西带女儿回奶奶家去住上几个月，素惠跟婆婆闹过不愉快，很多年不登婆婆家的门，女儿去奶奶家，她也不好追着去。

父女俩走后，素惠开始时心里更记恨丈夫，更埋怨丈夫，想女儿特别厉害时，她也给丈夫打电话想"索要"女儿，可丈夫在电话那边直接问女儿：你想回家找你妈妈吗？女儿默不做声。丈夫对素惠说，女儿不想见她，素惠觉得愤恨极了，明明是丈夫在盯着女儿问，女儿怎么好回答说想回家呢？

渐渐地，素惠对丈夫的怨恨淡下来了，孤独感却袭上心来。深秋黄昏，只身一人回到家，没有灯光，没有问候，家里到处都是冰冷的，素惠的心也是冰冷的。她开始反思是不是自己太过分了，朋友们也都劝她，说她的个性太强，要有大智慧，要改自己的脾气。可一想到丈夫的绝情和女儿那双无助又迷茫的眼睛，她真是不知该何去何从。

孩子的心是家庭的心

难道素惠不爱孩子吗？她是太爱女儿了，一切都想着为她好，可一贯的习性却让她一见到丈夫，本能地就想要冒火，怎么看丈夫都不顺眼。这样会对女儿的健康成长有好处吗？

素惠有一个很严重的问题就是太情绪化，而情绪化很严重的人

通常只能感受到自己的情绪，强烈地感受到自己的心，感受不到别人的心。于是，她虽然爱女儿，可她感受不到女儿的心，更感受不到女儿的心在为整个家庭而跳动。

孩子代表家庭中最完整的爱，素惠的情绪化，是在撕扯着家庭的心。家庭是个生命，有自己独特的脉搏和个性，有家庭的心灵。而家庭成员个人的情绪情感，只是在家庭生命成长中的局部感受。

心合，家才和，孩子才会健康快乐成长。

家庭中的每个人，若真正想要为家庭负责，就要不断打开自己狭窄的内部感受，向家庭生命的和谐靠近，在家庭中寻求更广大的自我。任何封闭、冷漠、暴躁、焦虑都是个人试图保留狭隘自我、回归小我时所做的挣扎。最好的努力不该是挣扎，而是顺从于爱——家庭生命的和谐、心灵的融合。

一味顽固地善良付出，不计后果地对别人好，是一种惰性，是一种思维的定势，它会侵占别人的独立，也会使付出者本人非常伤心和失望。

一个人，是代替不了另外一个人的心灵的，中国家庭的误区是：太贪恋温暖甜蜜亲密的感觉，又太侵犯彼此心灵的独立，而在我们"努力"发展亲密的同时，心灵彼此的距离又太远太隔阂。

只有内心特别宁静的人，才能抛开自己独自的感受，真切地感受家庭里所有成员的心，感受到家庭是一个生命，也有一颗更广阔的心。

只有一个家人在受伤害吗？

当素惠的丈夫向她提出亲热的要求时，素惠每次都立刻气愤地说：你给我带来这么多的伤害，你现在还跟我提出这样的要求，你好意思吗？说得丈夫又退回去了。

素惠嫌丈夫不爱说话，也不会说话，最后被数落时只会急，而素惠又觉得自己受到了丈夫的伤害。其实，家庭中一个人感受到伤害，其他的成员也都会感受到伤害。女儿不愿意看到妈妈这么痛苦的样子，丈夫也不愿妻子总是这样缠绕在个人的复杂情绪中对抗纠结，可父女俩都帮不上素惠，他们自己也受到了不同程度的伤害。

其实，素惠丈夫的个性很沉默素朴，工作勤勤恳恳，下了班就回家，哪里都不去，对家庭很负责任。而素惠的性格很开朗也很实在，只是，她过于外在，说话做事很少用心去考虑，脱口而出的许多话都很任性。其实，素惠所受的伤害无所谓是伤害，那些伤痛的感觉似乎真实存在，如果她稍微冷静一些，稍微换个角度去理解丈夫，欣赏丈夫，那些伤痛的感受却又是那么虚无缥缈。

素惠和丈夫的主要争吵起点在于教育孩子，孩子的学习本身已经很好，就由她自己努力吧。素惠要学着多从孩子和丈夫的角度出发，去体谅别人，她和丈夫，都要学着去感受更完整的爱。多观爱，少观缺点，这样，家庭这个生命才能生机勃勃。

Part 3
家庭是一个完整的生命

Part 4 你爱孩子的心吗?

好孩子竟然不想上学了

杨维觉得自己和所有的母亲一样,对孩子的教育特别关心,同时,她认为自己对家庭很负责任,对父母、对丈夫、对自己效力的公司,她都尽心尽力。可她怎么也没有想到,女儿什么理由也说不出来,就是不想去上学了。

女儿洋洋性情一直很平和,是个大家公认的乖乖女,人朴素大方,稳稳当当的,学习也还不错,人缘也好,在班上老师和同学们都很喜欢她，女孩子们都愿意和女儿做朋友，按理说她没有什么理由不去上学啊。可最近这段时间，到了上学时间，女儿就磨着不走，甚至在门口换好了鞋后，手抓着门框，就是不想出去，也不哭，也不闹，就是很为难，问她为什么，她就说上学没意思，就想在家里待着。杨维和丈夫真是难以理解孩子的想法，一向认为熟知女儿的杨维真的是心里没了主张。

洋洋小时候一直跟随着姥姥，姥爷不在人世了。孩子每天和姥姥在一个房间睡觉，姥姥平时只低头干活，做事慢一些，性格温吞，话说得很少。虽然杨维夫妻俩也和孩子老人一起同吃同住，但杨维主要忙自己的公司事情。

只要不出差，杨维一回到家，无论自己有多累，也要和孩子在一起学习一会儿，每周她都排满了女儿在家里的"小课桌"，教英语，做数学题，学拼音，学生字，阅读，学绘画，学音乐……

杨维自己也是信息工程专业研究生毕业，面对激烈竞争的社会，她觉得知识、学历、能力实在是太重要了，所以不管多辛苦，她都把孩子的"教育"放在第一位。从女儿很小的时候开始，杨维就从各个科目加强培养，女儿总的来说也很配合，母女二人一直很顺利地合作着，虽然女儿偶尔有不想学的时候，经妈妈不太费力地劝说，就又很容易地回到"小课桌"上来了。

杨维辛苦努力的"成绩"是明显的，女儿上学以来，成绩在班级一直很稳定很优秀，学习习惯也很好，回家就写作业，一点儿都不吃力。就在杨维对女儿的家庭教育充满成就感和自信的时候，女儿就是说什么也不肯上学了。

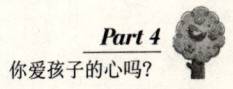

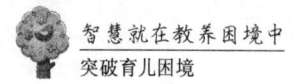

现代社会增多了聪慧的"精神孤儿"

　　认真与洋洋交流，专注地观察她的举手投足，扬眉瞬目，细细品味她说话的语气和内容，真的发现这个孩子的确很柔顺很好相处。你跟她之间似乎心灵上无一丝障碍，几乎就觉得她和你是一体的。

　　女孩子性情十分温和，有一种不同寻常的冷静和沉稳。与人友善，内心也很平和，只是明显缺少孩子应该有的勃勃生机，缺少那种可以给孩子带来活力的生命张力，似乎总感觉到孩子的内心中，有很重要的火花需要被激发被点燃，可这些年却缺失了。

　　对于与人相处，对于学习文化知识，洋洋要比一般的同龄人更容易适应，学习和生活对于她来说，很容易，却没有什么乐趣。对于物质，她更是很容易就知足，几乎没有什么特别喜爱特别想要的东西。女孩子喜欢的东西如亮丽的花发卡什么的她都看得很淡，妈妈买什么她用什么，有着一副与世无争的乖巧模样，时常地，在她的神情语气中，总流露出一些落寞的情绪。

　　继续跟她交流，当谈话中提及一些文学诗歌的韵律和内涵、大自然的神奇、天文知识、动物世界等相关的知识时，孩子的眼神会一时明亮起来，显得特别有神，整个小生命也在一时间异常鲜活起来。洋洋的知识面极广，涉及文化、美学、宗教、中医、历史、文学、音乐等领域。谈到老师最近一篇作文作业，以"世俗"为题目，可以在题目上加文字，她的题目最后定为"融入世俗"；谈及古琴，她静静地坐在那里，用心而淡定地说道："世界上所有的乐器中，古琴最像心灵的声音，竖琴也比较像。"

妈妈杨维却是一个直肠子脾气，热情，大方，说话直，声音高亢，做事利落，每年收入都在部门中最多，家里生活调理得不错。可她无法理解自己女儿的内心世界，虽然她渴望进入，并与女儿倾心交流。阻挡她和女儿交心的障碍到底是什么？怎么才能让洋洋喜欢上学校，喜欢更多有趣的事物和活动呢？

现代社会中，尤其是在大城市里，物质文明的积累对于独生子女来说，已经释放了他们对于自身生存的、对于供养自己身体基本需要的渴求。很多孩子得到越来越多的物质，并且从纷至沓来令人眼花缭乱的物质中得到快感，之后便会追求越来越多的物质——玩具、美食、动画片、漂亮的衣服等，他们能明确地定位：我的快乐属于一些东西，我要得到那些可看到、可吃到、可触摸得到的东西。他们的自我意识很清晰很明确，将来，他们或许会进入公司、银行，为他们的别墅名车的"幸福生活理想"而打拼。

但更有一些很有灵性的孩子，当他们的父母为他们解除生活的压力后，他们不需要为生存挣扎而学习时，本来就对物质不大敏感的他们，就不会再把自己的精神寄托在肉体的存活和快活上。长大后，学历再高，能力再强，他们没有兴趣追求功名利禄和生活的享受，他们对于名利和物质享受真的没有"发心"与"发愿"，他们是没有动力做出一番大事业的。如果得不到父母和老师及好友的理解，他们就成了这个世界上最聪慧的"精神孤儿"。当然，同时他们也不愿意自己的父母失望，所以他们会认真学习，考大学，找工作，结婚，养育后代，但他们始终在追寻着属于他们的自我意识、对文化的爱恋，追求精神上的充实与内心的宁静，而这些，都是现

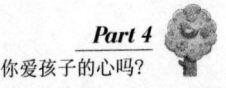

代社会中仍然在为生存而挣扎的父母们所难以理解的。像杨维这样的母亲，女儿生得乖巧培养得这样优秀，孩子还不快乐，不热爱生活，显得没有什么欲望和追求，就要考虑如何与孩子进行精神交流，以此乐趣来滋养生命。

现代父母的至要任务，是与孩子进行更多的心灵交流，追求那些不给心灵带来任何污染和负担的真理，从而才能让孩子热爱学习，热爱生活，热爱自己的生命。

生命与心灵有一个和谐的约定

与杨维逐渐地、展开地谈到她所不理解的洋洋的内心时，她突然止语了，呆呆地静了一小会儿，然后说，她自己虽然在工作上很能打拼，老板特别欣赏她的能力，但她更喜欢案头的工作，伏在台灯下静静地写东西，还有沉思。那一刻，她感觉到有一种宁静是发自内心的，自己和世界是一体的，身心充盈着喜悦幸福的感觉。此外，她也喜欢一个人开着车，在深夜下雨的无人街道上行驶，她一点儿都不觉得孤独，觉得生活简直太完美无缺了。

一个人在世界上，只有他自己能完全感受自己的全部，不可能有另一个人跟自己完全地分担和分享内心，即使有人愿意精神上与你交流交换，也必须你本人内心能打开，相信并能感受到爱。从独立的个体这个意义上讲，每个人都是精神上的"孤儿"。在外界，在物质界，在有形有色有声有味的世界里，我们如果找不到更多的乐趣，就要想到内心世界的回归，而孩子的心灵则十分需要父母和老师的用心引导。

当代聪慧的"精神孤儿"们更呼唤灵魂导师。

孩子从意识到自己与妈妈不是一体的时候开始，就在寻找自己，通过家人的爱、家人的评价、同学和老师的接纳，通过成败，总之，他们的自我意识不断增强。有时，他们在环境中也会迷失，就会一时不承认自己。比如洋洋，她有自己的兴趣爱好，也有自己的思想认识，可爸爸妈妈、老师、同学们，每天谈论的、做的事都不是与自己想的十分吻合，学习上的各门课程对于她来说很容易，可缺少了精神的映照让她感到很孤单。尽管大家都认为她已经做得很好，但她内心真的有找不到自己的迷茫，这样就会出现自我评价不足、内在自我体验很不喜悦也很不满足的情况，进而就失去了对学习、对生活的乐趣。

对于所有的孩子，尤其是对洋洋这样的孩子，一定要注重心灵关怀，心灵受到关怀的孩子，她的生命力才会更加旺盛并充满活力。

心灵关怀有无数载体，物质与资金的提供、给予亲情、文化交流、与自然亲近、体育运动，都是在对孩子进行心灵的关怀。比如，经济状况不太好的家庭，父母为孩子提供一点点文化用品和书籍，孩子就能得到很大的满足，解除了他们很大的学习压力，让孩子及父母都感到十分轻松，这同样传达了一种心灵关怀；经济状况较好的家庭，父母就要注重对孩子进行价值观的引导，以及在文化艺术甚至精神及哲学方面的交流。父母对孩子所有的有意义的帮助、陪伴、交流、肯定和鼓励都是心灵关怀。

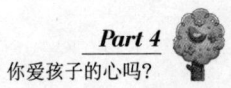

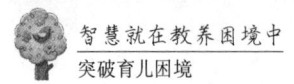

寻找内在的和谐，每一天

一个生命的成长，应该是身体心灵平衡和谐生长的。每个孩子都应该有内在的无形的真心、十足的诚意，这些在支撑着孩子的学习、生活、交友、个性、行为习惯，有了这种真心诚意，孩子才会快乐，才会把事情做好，他的一切才会非常和谐。这里可以提供一些与心灵相关的词也是与个性相关的词以供参考：简单，诚实，本真，浑然一体，朴素，平静，纯洁，清澈，尊严，明亮，喜悦，温暖，安宁，友好，敏感，开放，轻柔，精细，灵性，这里的每一个概念都值得我们细细地去体味和养护一生。

如何做好孩子的心灵关怀呢？父母除了关心孩子的身体、督促孩子的学业以外，可以从孩子感兴趣的事情入手。只要是有意义的事情，父母就鼓励孩子多接触，孩子在自己感兴趣的事情上找到了自我，自我意识就会和谐起来。

孩子们既喜欢谈论食物、玩具等方面的话题，也喜欢多读书，多锻炼身体，参加航模比赛，发明制作小手工艺品，在物质的结构、色彩和细节中，发现和谐的美；在令人叹为观止的艺术作品、文学作品（如散文诗词的清新旷达与洒脱）中感受愉悦，尤其是读人物传记、文学、哲学类的书，了解心理学知识，尝试去了解身边每一个人，理解他们，欣赏他们；坚持运动，亲近并融入大自然。

人们内在的和谐本身就有，只是在人之初时，需要从外部世界获得激发的力量，当孩子在外界体验到内心的和谐之美时，父母就一定要帮助孩子把这种美好留下，留得多了，内在也就和谐了。内在的和谐是需要不断积累的，如趁着雨后的清新、美好，你和孩子爬到二十多层的屋顶，去欣赏那绚丽的彩虹，彩虹我们谁都留不住，更无法占有它，只能记住它的美好。尤其是父母和孩子在一起时，亲情、美景、闲适、大自然最沉默的爱的表达，都汇聚成了内在的和谐与宁静。一个内在积累美好事物和印象更多、更丰富的人，会在外在发现更多的美好，从而发现并坚信人性的美好。

在欧美，一些发达国家的有知识有修养的人，他们宁静、温和、简单、真诚、朴素、深刻，他们都有着发自内心的自己的爱好，或是帆板，或是义务为所有过往船只做海上气象预报，或是机械修理，或是专利发明，或是背起大背包旅游世界，他们对人友好，注重环保，精神文明与物质文明相结合得非常和谐，给人的感觉是他们非常可爱。

在中国，也有一些可敬的人，每个月生活只花几百元钱，甚至几十元钱，但他们喜欢琴棋书画，热爱读书、运动，热心投入公益慈善活动，帮助农村穷困地区或受灾的人们以及孤儿等社会弱势人群，他们不受流俗的价值观和生活方式影响，精神上十分富足，生活得非常开心。每个人都要去为自己、为自己的孩子寻找属于自己生命中最有活力的那一部分精神，找到了，心灵就寻到了归宿，心安了，生命才会出现勃勃的生机。这样，你想要孩子做成的事，她在不经意间就能做成；不用父母们撕心裂肺、呼天抢地、连打带骂地催促，孩子们就能学得好考得好。现代社会的人们，再声嘶力竭，再怒容满面，都不具有权威和影响力，只是或迷茫或恐惧时内心的无助与挣扎；而再兴高采烈，再眉飞色舞，也都不是心灵的宁静与

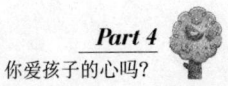

喜悦，只是在社会经济生活激烈的竞争中，暂时的享受带来的加倍透支生命的亢奋。

中国的父母很了不起，他们肯付出，肯牺牲自己，他们爱护生命，信仰生命，非常爱自己的孩子，血统里有一种十分珍贵、非常高尚的牺牲精神，令人赞叹不已，可歌可泣。于是，一旦他们认定什么事情对孩子们最好，他们会竭尽全力地去做。因此，一旦父母们认识到爱孩子的心如此重要，其重要程度绝不亚于爱孩子的身体、爱孩子的成绩、爱孩子的物质条件、爱孩子的前途时，他们会坚定不移地爱上孩子的心。

Part 5 谁能理解你，能干的女人？

家人经常让你抓狂？

吴丽丽人很外向，热情大方，相貌也好，穿着体面，表达能力很好，与人沟通对于她来说一点也不难，她对下属都很和气，与上司关系也很融洽，而且她自己感觉天生脑子就很够用，处理工作上各方面的事情都挺得心应手。她在金融机构工作，收入很丰厚，业务能力也的确很强。

在外界的发展、学习、工作，她一直都挺顺利，自信满满，可一遇到家里的事情，与爱人相处时尤其是提到儿子的问题，她就感到头疼。爱人的个性还有观点总是跟她不一致，在儿子的问题上经常与她发生争吵。只要一遇到事情她就觉得家里人都在跟她作对，现在已经养成了一种习惯，一提家里的人和事，她心里就泛起很强的排斥感，而这种排斥感已经提前筑起一道高墙，挡住了她与家人的沟通。吴丽丽承认这种习惯不好，但她就是改不了。

丽丽说，本来她不想那么早结婚的，她打小学习成绩就很优秀，本想毕业后多做些事情，可谈着恋爱的时候，爱人家里非逼着他们早些办婚事，爱人也特别喜欢她的个性，总是催促她，她很无奈地答应了。结了婚之后，她本来不想生养孩子，可也是爱人的父母总是三天两头打电话催问她的动静，爱人也说特别喜欢孩子，非要生一个，她被磨得没有办法。生下孩子之后，本想快一些上班，她怕新人进得多了，也怕自己的技能不能与时俱进，可孩子三天两头闹病，她去上班也不放心，一直拖了一年多，等公婆来为他们看孩子，她才得以去上班。一次，她在与丈夫争吵的过程中高声呼道："这一年多你整整耽误了我一百万！"

吴丽丽觉得为了家庭，为了婚姻，为了孩子，她贡献得太多了，已经快没有自我了，可烦恼却远不止这些。

结婚前后，爱人是喜欢她的个性的，可过了三五年后，尤其是孩子渐渐长大，吴丽丽对孩子大呼小叫地喝斥的时候，爱人有时竟然会用很尖锐而厌恶的眼光看她，弄得她很恼火，甚至爱人有时还说她："你说话从来都不用脑子吗？这么多年了你怎么就一点儿不能改一改满嘴说胡话的毛病？"吴丽丽经常被爱人和孩子弄得怒火冲天，甚至抓狂。咬牙切齿的时候，她不经意间照到了镜子时，看到的是一张扭曲变形的脸。

吴丽丽认为，爱人的性格属于那种较阴郁内向的类型，平时爱自己思考，不爱多说话。当时吴丽丽觉得正好与自己的性格有些互补，可生活年头久了，她发现，两人之间，不但没有互补，反而性格差距越来越大：她嫌爱人太沉闷内向，爱人嫌她太张扬外向。不但如此，儿子的个性也更像爸爸，有时她批评儿子时，孩子也学会了用那种尖锐厌恶的眼神看她，她觉得自己真的快要崩溃了。一次孩子因为不好好写作业玩小东西，把妈妈惹得发狂，在她向儿子咆哮时，爱人还气愤地过来制止她，要跟她拼命的样子。后来说起这件事，吴丽丽十分伤心，流着眼泪哀怨地倾诉说：其实，他根本不了解我在外面有多艰难，我的心有多苦，根本不理解我需要的到底是什么。

天凉了，该换季了，该给爱人和孩子找厚一些的衣服了，看到他们各自的衣柜都弄得凌乱不堪，吴丽丽又忍不住地唠叨抱怨："我这马上要出差，哪有时间管你们这些破事儿？我这一辈子都耽误在你们身上了，这些婆婆妈妈的事天天还有完没完？！你们就不能把自己的狗窝都给我整理干净一些整齐一些吗？"结果，她得到的是爷俩同时表现出的冷冷的眼神和态度。吴丽丽简直真的又快被他们气疯了。

你怎么确定自己的价值归属？

不同于从前的传统社会，现代社会给了女性更多的个人就业及

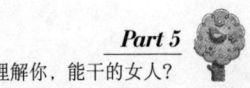

发展机会，那些智商较高、能力较强，并且有个人发展期待的女性大批脱颖而出，然而，从家庭和谐幸福，尤其是对于孩子的健康成长而言，女性自我价值的归属是需要人们进一步深思的重要课题。

以吴丽丽为例，她是一个典型的白领丽人，有自己的追求，也得到了自己想要的风光，但在自己的价值归属与定位方面，她的生活重心一直都很外在，很少能回归家庭，而家里的女主人对于家庭的所有成员太重要了。

吴丽丽的学习和工作一直非常顺利，而且，在学习、工作和发展中，有明显的愉快感，但在情感生活和家庭生活中，她很难找到自己的乐趣。兴趣点有时是天生的，也可以是后天培养的，无论如何，吴丽丽的兴奋点目前是在个人的发展上，她的才华和能力用于处理工作上的事情是足够的，但对待家人的事情上，明显力不从心。对家人的情感投入少导致爱人和儿子对她冷眼相向，可吴丽丽自己却觉得自己快要被气疯了。

要知道，对于家人来说，你是家庭中最重要的一员，他们的情感需求要从你这里得到满足。然而很多父母都只在工作上对得起老板和客户，对家里的人都板起一副面孔，尤其是对身边最爱的亲人，过于冷漠无情地横加指责，如同吴丽丽的情形，反过来再说自己的丈夫不了解自己到底需要什么，事实上，她与丈夫、与儿子，共同需要的都是家人的体贴和关怀、理解和支持、鼓励与肯定、关注和关爱。

每一个人，尤其是家庭中的女人，再努力勤奋再有外界需要的才华和你自己的兴趣点，都一定要对家庭有绝对的忠诚感和归属感，一定要尽力体贴家庭所有成员的各种需求并争取给予及时的满足，这样大家才能精神抖擞地去学习工作和生活。

每一个家庭中的女人,一定要对家人有身体上无微不至的觉察和关心。最重要的身体关怀里,一个是冷暖加减衣服,一个是饥饱营养口味的调理,再有一个是良好的作息习惯的培养,还有一个是健康卫生愉悦的生活环境的建设;心理的关怀上则更细致,要尽量充分表达你的情感,不仅是语言,更是行动,最是内在的真心关爱,还有共同兴趣的发现和不断的交流。

善待亲人,再去热爱工作,你会得到更大的动力,工作也会做得更出色;你心地再善良,却不为家庭投入时间、精力和心血,没有对家人更好一些,反倒更恶语相向,这无异于舍本逐末。

工作上的事再难做都好做,单位的人再难相处都好处,因为有明确的效益成绩还有各种规章制度在那里调节着。人与人之间淡淡相处,为自己的利益也可以据理力争,实在干不下去也可以抬腿走人,炒老板鱿鱼,即使一时走不开心里堵着,也不会真正伤心,回到家里就更能感到家人给我们的温暖。

但在家里就不一样了,你要十分细心,要用真心,要有耐心,要有不求回报的爱心。那些智商高、能力强、学历高的人,往往容易在外面找到成就感,甚至一人之下,万人之上,习惯了每天给下属交代工作,训斥别人的交往方式,可再用这种态度面对家人,就不合适了。家人眼里无名人,仆人眼里无伟人,这句俗语是很有道理的,何况我们工作上、学习上的一点点成绩,都来自于家人默默的祝愿、等待、照顾、陪伴,没有他们,你是不可能安心做好这一切的。

一个人的荣耀属于整个家庭,属于所有家庭成员。

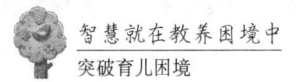

命运之谜要用一生破解

上天在最初造就人的时候,似乎就同时为人设置了许多陷阱,我们暂且把这些陷阱简称为"谜"。如果你保持觉醒,不进入这些"谜",这些"谜"里的苦恼及折磨永远都不会来找你的麻烦;但如果你没有觉察到,或觉察到了也并不很清晰地去躲避,你就会经常陷入"谜"给你带来的混沌中。

自我矛盾的个性就是一种很让人痛苦不堪的"谜"。像吴丽丽这样的妈妈,似乎在工作上很决断,但在生活上她很没有主意,经常犹豫不决,自我矛盾。对于婚姻、生子、养育孩子等决定,她都推脱是别人为她做的决定,于是总是感觉很不自在,总是不能融入当下的现实生活,总是活在矛盾的状态中。而且,对于发生过的事情,她自己很不愿承担后果,非要让丈夫来"埋单",说是有生活理想,其实她也没有什么想法,没有想法,听了丈夫的,她后来又不认账,认为丈夫做的决定不好。

其实,根本上来说,不是别人在左右她的命运,而是她自己没有主意,一直是随着别人的需求来安排自己的生活。可既然是她自己做的事情,她就应该自己承担,所有的后果就一定要由她自己负责,不能把休假一年少挣一百万的"损失"都算在丈夫的头上,更不该算在可爱的儿子身上。

自我中心也是一个"谜"。从小到大,我们都要不断地感受自我,寻找自我,在自己的才华能力中,在家人对我们的需求里,在社会对我们的肯定上。很多人自以为自己工作很出色，就可以对家人大呼小叫，颐指气使，很有优越感，给家人带来无尽的难过和伤感。通常，他们会自我策划一个生活理想，比如孩子就该什么都听我的，爱人就该什么事都做，你们只要听我的，就足够了，你们不要有自己的想法。你们有想法？我听听，听着听着，就听没了，听跑了神，关注点仍然回到了自己想当然的观念意识里。

而有些人，根本没有什么能力，也并没有什么对家庭和社会作多大的贡献，可空虚的优越感反倒更强，很天真浮浅地以为家人对自己的忠心和关爱都是大风刮来的，根本不懂得珍惜，直到孩子不听自己的话了，直到爱人感情上出轨了，嫉恨之后，反思之后，痛定思痛，开始学会珍惜，开始追求成熟，而多少爱、多少光阴和因缘都已错过。

那些"谜"就在那里，比如火，谁的手指它都烧，只是，你别把手指放到火里。这些"谜"是什么，需要我们一生用心去觉悟去破解，要做到这一点，不是工作，不是财富，不是名声能帮助我们的，恰恰相反，名利与风光得意这些东西不但阻挡我们破解造物主之谜的路，而且，它们本身，就是我们的"谜"。

Part 6 是我还没有把自己培养成熟

孩子和大人都有孩子气

许琳是一个温柔贤惠的女人,工作上认真努力,同事们都喜欢与她相处,在家里面也是勤勤恳恳,任劳任怨。许琳一家三口与孩子的爷爷奶奶一起生活,儿子很可爱,丈夫则像个大孩子快乐开朗,公婆对媳妇挺喜爱,他们对许琳既温和又吃苦耐劳的个性和出色的干家务能力都挺满意。一家人之间相处,前几年本来一直其乐融融,总的来说还真没有什么太大的问题,可问题就出在教育孩子上面,而且近年来矛盾越来越突出。

儿子从很小时候起就很淘气，可毕竟还小，全家人连吓唬带哄劝的，还总能把孩子给"治"住。可孩子上了几年学之后，大人们发现，孩子非但没有懂事，反倒更不好管了。

许琳工作一忙，就要由丈夫来接送孩子，并且由丈夫盯着孩子写作业。爸爸和儿子之间一直很亲，像是哥们，好的时候，一起在电脑上打游戏，一起睡前用枕头和被子当武器相互打闹，好得像一个人。许琳看着真为他们爷俩开心。可两个人真是像正在磨合中的童年时期的兄弟俩，说好时特别亲密亲热，说翻脸，两个人都会急，都流露出男人特别好争斗的天性，谁也不服谁，于是，两个人又经常打得不可开交。

比如，孩子早上经常磨蹭不起床，起来了进卫生间不刷牙直发愣，吃早饭又挑食，到了门口，孩子又说忘带哪个作业本或书本了，许琳赶紧回儿子房间去取，再一出门，突然一只儿子的小拖鞋飞到了眼前，原来，爸爸终于不能容忍孩子换鞋时的"蘑菇"表现，爆发出剧烈的火气了。

对于这一切，许琳一直在中间当和事老，一直在调和劝说，偶尔也训一下丈夫，训一下孩子。有时，许琳也会因过度劳累而生病，上呼吸道感染、附件炎等小毛病经常"做客"她的身体，有时她只是吃一点药，严重的时候她就输液。其实她知道，多干些活累不垮她，可家里这一大一小都像孩子，她觉得自己在养着两个孩子，一直活得挺累心的。

除了爷俩经常争吵，并且大的经常以武力镇压小的以外，孩子的爷爷奶奶其实也一直在为儿子和孙子的事情操心。老人岁数大了，

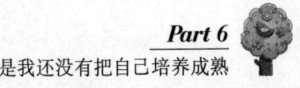

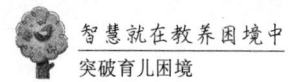

很好静,他们不希望家里出现任何问题,一出现争斗场面,爷爷奶奶就表现得很紧张,很难以承受。但如果孙子不好好写作业,磨磨蹭蹭,注意力不集中,或被老师告一状,从学校回来后,儿子就要急躁,有时就要动手打孩子,爷爷奶奶就坐不住了。一次许琳下班进家门口,正赶上家里的四口人在僵持状态中:儿子非要打游戏,丈夫坚决不许,而且把键盘摔在地上,键盘块块儿撒满了一地,爷爷奶奶在一旁边骂儿子边哄孙子,既软弱无力又强压愤怒与焦虑。

一遇到爷俩开战或全家其余四口人剑拔弩张的时刻,许琳就觉得心力交瘁。自己身体明明不好,还硬撑着工作和做家务,每天辛辛苦苦地为了这个家操持,上了一天班回到家里还这么让人不省心,我这是为谁辛苦为谁忙啊?

在许琳看来,孩子的生活习惯和学习习惯不好,是做父母的没有给培养好,不应该怪孩子,可孩子的爸爸不该对孩子求全责备,应该跟她想法一致:是我还没有给孩子培养出好习惯,怪我不怪孩子。而且,她在心里也有些怪公婆,这么大岁数了都"压不住"自己的儿子,丈夫纯粹是他们给"惯坏"的。当许琳感到这些人怎么可以这么不懂事的时候,心里开始不平衡了,对丈夫的怨气也渐渐多了起来,对孩子的态度再也不像从前那么柔和,身体的情形更是每况愈下。

请让所有孩子气的家人都慢慢长大

许琳的家人和同事都评价她个性相对很稳定,做事较理性,能控制住自己，没有什么孩子气。她也希望丈夫和儿子都懂些事，别给她添太多的麻烦。但现在，经过这么久的家庭生活，尤其是在父子磨合中丈夫的实际表现，她彻底承认了一个事实：丈夫从来没有真正地长大过。她越来越认为，孩子越来越淘气越来越不好管，与丈夫的心理幼稚、贪玩、不能忍耐有直接的关系。可每次她指出这一点时，丈夫都坚决否认这种说法，他坚持认为：跟孩子在一起就是不能总让着他，不但要跟他争辩，关键的时候，为了让孩子知道做人做事的道理，必须得动手打，"你看，每次我一动手打他，他多老实多听话，让他干什么就干什么！"

许琳感到丈夫实在不可理喻，孩子是能打出好习惯的吗？同时，她也感到委屈：我已经做得够多的了，我够理解够包容的了，付出这一切的凭什么是我呢？像我这样的女人命就该是这么苦吗？

在一个人的成长过程中，人的身体发育、大脑神经系统、身体的生理机能需要渐渐成熟，同样，心理机能也需要渐渐成熟。与生理机能成熟所不同的是，心理机能不会随着岁月，随着生理年龄，随着人的身体长大而成熟，在某一部分落下的功课，会在从前的地方一直原地踏步等着你，并且不断地给你制造着麻烦，提醒你去改进。

每个人，都有义务去对孩子、对自己进行终生的"养成"教育。

父母对孩子说话的语气、动作、行为、生活习惯、情绪控制能力以及教养观念，都需要点滴养成，如果父母在教育中永远没有反思，没有用心去培养自己、培养孩子，就很难成熟起来。或许，有些人在某些方面一生都难以成熟起来。稍加留心不难发现，每一个年龄阶段的人，青少年、中年人、老年人，都有或多或少程度的孩子气。可以说，任何年龄阶段的人都会出现不成熟的孩子气，比如，教训孩子时，心里越着急，说话声调就越高，语气就越慌张越急躁。而成熟的个性应该是：情境越是紧急越要冷静，镇定，声调低沉，有威摄力。这样，孩子就能听得懂大人在说什么，而不是以为父母心里的愤怒"魔鬼"快要出现了，这个"魔鬼"要张牙舞爪地打自己了。

　　许琳的丈夫是性格不太成熟又很关心孩子成长的父亲，需要慢慢修养自己的身心不断长大，去掉一些幼稚的孩子气。而许琳虽然性格温和能忍，但本身也并没有完全成熟。许琳事实上是一个做事很认真的人，温柔是一方面，实际上她很较真儿，无论是工作上，还是家庭教育上，不达到她理想的和谐适应的心理状态她是不罢休的。当然她肯付出，肯努力，也经常分析思考和学习，但难免有狭隘的地方，比如把孩子不好教育的问题归于丈夫的孩子气，而她在教训丈夫时，教训孩子时，也是一副任性的稚气模样，难以打心眼儿里触动他们爷俩。要知道，追求成熟不但要靠孩子自己悟，还要父母至少有一人，做出示范。

　　在这个家庭里，老人虽然六七十岁了，但其实养育孩子方面，他们意识也并不十分清晰，有些想法和做法也并不坚定。有些老人会认为：不是自己的孩子，我并不想管，这样做本身就是不积极的参与态度。而许琳的公婆则是一边倒，只帮助孙子训斥儿子，这样也会把很不成熟的小孩子惯坏的。再有，爷爷奶奶属于那种特别诚恳，同时过于谨小慎微的那种传统老人，对儿子学习上管得很严，同时生活上惯得又特别厉害，对孙子，他们也是用此一贯的方式，导致了儿子和孙子与同龄人相比，都明显幼稚一些。

通常来说，父母们很容易去相互责怪对方的不成熟，很少回归到内心，检索自己的不成熟之处，并时常提醒自己加以改善，越是这样，就越拖延了自己的成熟进程。如果全家人都在彼此相互指责，全家人都会出现心理成长的停滞局面。因此，每个人都要尽力时刻提醒自己：克制、收敛、自律，照管好自己的心。

家庭教育的大境界——"优秀班主任"

全家人的关系原来一直是由孩子的幼小听话维系着的，每个人的内心实际上都不够完整，个性也都不够完全成熟，也许正因如此，所以谁都离不开谁。可是一旦孩子大一些，出现了一些教育上的难题，一个家庭成员个性上都不够成熟的家庭，很难承受这些问题和变化的冲击：爸爸看不惯孩子，爷爷奶奶要护着孩子，妈妈明明觉得大家都不对也无能为力，只剩下苦干和抱怨，大家相继彼此情绪感染，一时间，家庭关系出现危机。

一旦出现相互指责，就容易把家人推到对立面，指责与被指责的双方都不再想长大，只想对抗。家庭中抗衡的局面一旦形成，大家都各执己见，甚至人人自危，都在保护自己的尊严，那么每个生命的成熟期来得更晚了，孩子也会耽搁成长进程。

每个生命都渴望成长，每个家庭成员都有被引导长大的愿望。同时，家庭本身也是一个生命，它出生了，就会成长，需要长大，家庭才能为所有的成员遮风挡雨。如果家庭中的个人出现问题了，就是家庭出了问题，个人的问题就是全家的问题，就是个人和家庭

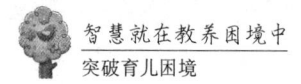

成长的机会到了,而个人成长和家庭成长的一个极为重要的契机是,家庭中个人的自我觉悟。

单说一个家庭中的女主人,对于家庭每个生命的成长成熟是至关重要的。她要尽力客观公正地去审视去分析问题,而不是以自己的视角看问题。分析家庭问题时,一定要排除自己的观念和好恶,这样才能做到宁静而觉醒,而不是越出现问题,越从自己的情绪和观念出发,使劲地训斥孩子责怪丈夫,自己又表现得痛心疾首,越是这样,老人、爱人和孩子就越是不知所措,心里就越烦躁。

女人成熟而宁静的心,是所有家庭成员心理意义上真正的家。

不要责骂与抱怨,要去尝试掩盖别人的不足,同时也要严厉地批评对方行为上的错误,更要对人的错误慷慨和包容一些,这样才能坚定地表达你的爱,让家庭成员感谢你,感激你,感恩你。如果真有谁犯了错误,或者他们彼此之间起了冲突或闹了别扭,他们自己会产生内疚,这种做法,是"优秀班主任"的做法。

时常地,我们要提醒自己:

孩子的确需要培养好习惯,我的爱人也的确不成熟,但最重要的是,我自己还不成熟,是我还没有给自己培养出好习惯;

是我还没有学会如何与丈夫沟通,是我还不是很了解他,也没有完全学会与他良性沟通的方式;

承担大家的、包容大家的人,凭什么就不能是我呢?难道我不很期待成长成熟吗?我要做个大气的妈妈。做个意志坚定、心地柔软、胸怀开阔的女人不好吗?那种境界,虽然很难很难,但如果不去努力,我一定会很后悔;

我是自己家庭的主心骨，我要镇定温和地为家庭成员提出一些期待、一些建议；

是我还没有把自己培养成熟，我要用一生的时间，完成对自己的教养，而不是动不动就指责别人，就怀疑生活。

在一个境界中出现的谜团，在这个境界中是解释不清楚也看不开的，但一旦上升到另一个更高的境界，你就会豁然开朗，有"一览众山小"的开阔感。当一个女人用委屈、用痛苦撕开自己的心胸时，她会发现一个更广阔的境界。那时候，她会发现，不断地觉悟，不停地走出小我的境界，改善从前的观念，会帮助她的孩子成长得更健康更优秀，也会帮助她的家庭更顺利更和谐地相处。

Part 7 物质提供 VS 心灵关怀

为你付出了那么多,为什么你还不努力?

云杉和爱人在家里与儿子形成了对垒,主要的原因是儿子的学习习惯不好,回家后不好好写作业,总磨着吃点儿东西,溜两眼电视,拿着父母手机玩玩,要不就是到处转转,最要命的是,孩子现在开始迷恋上了电脑游戏,整天都无精打采的样子。按云杉的说法,要是不让他上网,儿子就像抽大烟的人犯了瘾。

看不惯时,夫妻俩就说说孩子,孩子能坐在桌前看一会儿教科书，可大人们谁都有自己的事情做，再说儿子放学时，大人们都还没下班呢。可又该到考试的时候了，儿子还每天这么不上心，急得云杉与儿子的矛盾随着考试的临近一天天加剧。

按儿子的说法是，家里目前的态势是二打一，自己基本上没有胜的可能。要说孩子的学习成绩也不算太差，可云杉认为，孩子脑袋瓜挺聪明，稍用功一些就能更好，关键是，跟自己为孩子付出的相比，儿子远没有达到自己的愿望。孩子太贪玩，给他买的学习机本来是为了学习，可他总喜欢玩上面的游戏，一摸上电脑，更是没命，电脑当时是为了他上网查资料才买的呀。

为了儿子的学习，她可以付出一切，虽然她和爱人收入并不是很高，云杉认为自己养育孩子是尽心尽力的。孩子上幼儿园就是她千挑万选并花了高费用上的，并且他们特地从孩子的爷爷奶奶家搬出来，在幼儿园附近租房子；孩子上小学和中学，也都是夫妻俩一个个学校咨询考察，最后花了更多的钱上的。孩子每升一次学，就搬一次家，家的住处都是围着孩子所在的学校转。

还有，上各种辅导班，请各种科目的家教，什么不得花钱啊？孩子的营养更是不能缺，可孩子只爱吃比萨饼和炸鸡块，天天吃都吃不腻，想吃就随他了；学习用品方面，孩子只要张嘴，云杉再紧张也咬牙满足，别说MP3、MP4，光是学习机就买了三个，电脑也是买最贵的。云杉现在经常挂在嘴边的话就是：我给你创造这么好的学习条件，你就应该给我好好学英语，好好学数学，你怎么就不用心不努力呢？照着我的要求做就行了，就这么简单，怎么你就是不理解我的好心呢？

最近，孩子和英语老师产生冲突，英语成绩严重下滑，云杉又

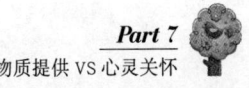

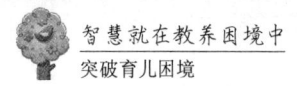

赶紧给儿子找个好英语家教,一个小时三百元,可儿子在这一个小时里,只背下了三个单词,云杉真是又气又痛。

物质、成绩、电脑游戏交织出的怪圈

云杉夫妇对孩子的付出是现代社会典型的"痴心父母",很遗憾的是,往往这种"痴心父母"拼命付出的结果就是:培养出一个"花心孩子"。

难道父母为孩子真诚付出错了吗?真心爱孩子是没有错的,可用什么来表达爱,这种爱的方式会产生什么结果,几乎所有"痴心父母"都没有认真思虑过。

教育孩子的过程中,如果没有教育思想做基础,没有教育远见,单纯物质无限量地提供,那不是爱,只会是害。只埋头为孩子付出各种努力,尤其是在物质上尽力支付,而不懂得孩子的成长规律,结果只会很失败,双方也都会受到伤害。

现代社会中,随着科技的发展,人们的物质生活更丰富了,这个世界向孩子们展示的玩具、书籍、文具、食物也更丰富了,父母们为孩子提供的财富也越来越多。

是物质丰富的人们幸福感更强,还是从前物资匮乏时的人更快乐呢?

父母们是为了孩子生活好、学习好、考个好大学而在努力挣钱,还是被现代工商业的价值观所驱动,被工商业的时代大机器转动得迷失了生命应该有的健康优美节奏?

物质上的富足真的会给心灵带来持续的快乐吗？

云杉可能会说，我也不认为物质比心灵的快乐重要，但我只是想为孩子创造更好的学习条件，那么，富裕家庭的孩子学习更好，还是贫穷家庭的孩子学习更好？

物质的大量提供真的能提升孩子的学习成绩吗？

孩子的学习成绩出色，考上了大学，将来的生活就一定会和谐幸福吗？

物质对于生命来说，是一种非常粗重的感觉，你能看到它，触摸到它，闻到它，比如汽车电器，比如食物饮料，你要用到自己全部的感觉器官来享用它，消费它。可这些给人感官带来感受和享受的物质，为人的心灵带来的甜蜜、舒适和便利却是浮浅而短暂的，在心灵中几乎难以留下任何印记。

这一切来得似乎都是那么容易，于是，孩子在巨大的物质资源中并不会十分感受到父母的良苦用心，也很难因为获得丰富的物质而感激父母。他们只是觉得寂寞，觉得需要更多的感官刺激，需要不费力不费神的娱乐，打电子游戏是男孩子们打发无聊的首选活动。

当父母们为自己指定了奋斗目标、醉心于自己设定的挣钱轨道为生活拼搏时，孩子却陷入了另一种轨道，越走越远：贪图舒适享受，斜着歪着在沙发上看电视，每天只有吃到对身体有害的高热量食物才会觉得生活有些滋味，沉浸在电子游戏中就不想停下来。

父母们在自己以为极重要的事情上辛勤耕耘劳作十几年，荒芜了自己，同时更荒芜了成长中孩子的心灵。

Part 7
物质提供 VS 心灵关怀

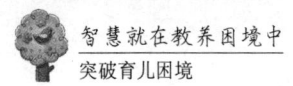

你认为关心自己和孩子的精神很重要吗？

　　云杉说，自己一接到客户的电话，一有生意可做，尤其是面对客户时她就能兴奋起来，就能打起精神，平时的事让她觉得没意思。其实她觉得这样的精神状态让她心挺烦的，像依赖兴奋剂一样，可有好朋友安慰她说，这就对了，平时不需要那么多精神，一到正事来精神就行。可她说一看到孩子也烦，孩子看到她也烦。孩子的事情可是最正经最重要的事啊，她努力做事挣钱，做这一切不都是为了孩子吗？

　　云杉的精神只沉溺于业务和挣钱带来的刺激，是一种不健康的状态，如同孩子打电子游戏上瘾一样。如果一个人面对一件事一个人过于亢奋，做其他的事情时情绪就一落千丈，甚至很不耐烦，这种现象是精神不健康的表现。人的精神应该是从内而外发出来的光辉，不依赖更多的外界，更不依赖太独特的物质享受，这样的精神状态才最滋养生命，也最能与孩子通心共感。

　　心理健康、关怀自己心灵感受的人总是宁静而充满活力，给别人也带来勃勃的生机，她表达的情感应该十分饱满，情绪也镇定自若，尤其是面对成长中的孩子，父母更应该富有健康的精神食粮。

　　想要更多的物质，想要更多的甜蜜，想要更多的刺激，甚至把自己对孩子的愿望全部寄托在学习成绩上，是一种精神的下坠，而稳重、朴素、乐于学习知识、锻炼身体、热爱自然、关爱生命，才能给人最宝贵的精神食粮。

父母越是花高学费，越是买大房子，送给孩子好的生日礼物，选择最贵的文具，就越是在父母和孩子之间用物质堆砌高墙。为什么亲子之间会形成对垒？许多情况下，都是因为隔着物质的高墙，隔着学习成绩的长河，导致亲子的情感越来越生疏，彼此的心越来越远。

心灵与爱本就是一体

如何关心孩子的心灵？请陪伴孩子一起成长。

云杉说孩子着迷于电脑游戏，比跟自己都亲，自己有时也去摸一下孩子的脑袋，孩子一下子闪到一旁说："你要干吗？！"

事实不应该是这样的，孩子们在年幼或年少时最喜欢父母有时间抱抱他、亲一亲他，尽管十几岁了，他在拒绝你主动亲热的动作，其实他心里很渴望，只是觉得自己大了，应该更稳重些了。同时，父母长年的忙碌、长期的亲子冲突，已经使孩子忘记他需要父母的抚触了，甚至他在下意识地保护着自己的身体不受"攻击"。

全家人可以一起读书、一起背诵经典诗词、一起跑步打球、一起郊游亲近大自然、一起看一部有意义的电视剧、一起分享生活中每一点滴的感觉——看似平常的一个早晨，某一盆花草的新叶；一个普通的傍晚，某一道蔬菜的味道。只要你用心与他对话，喜悦而平静地看着他的眼睛，都会在孩子心中留下久久难忘的感动。他感觉到温暖，他会感恩。爱心的传递，本来就是一件很简单的事，上天给人们的福气本来就在那里，需要我们用心去发现，去感受，去传递。

　　真诚地与孩子共处时，你说的话、你的期待，他都能读懂，你用心与他交流，他就能觉知到你的心愿，他会把你的心愿内化成他自己的心愿，尽力而快乐地去实现去完成。即使孩子有一些小欲望，有时会产生一些懈怠，他也会逐渐学会克制。自制的人幸福感是很强的，虽然暂时会有些难受，可过后他会感觉全身都很通畅轻快，父母偶尔给予他的一点小小的物质，他就很心满意足，对知识和智慧的追求却永无止境。

Part 8 独立，使心灵成长得更自由

全家人她只欺负我

现在家庭教育都讲求民主和平等，而郑丹心觉得自己对孩子岂止是平等，简直就是低三下四。她觉得正因为自己的低三下四，孩子才到了现在这么不听话不好管的地步。

女儿从一出生开始，就是她手把着手带大的，和她爷爷奶奶一起住时，女儿只追妈妈一个人，郑丹心不管下班多累也要回来抱着孩子到处转转看看，吃饭吃药都是她亲自喂。直到现在，女儿也特

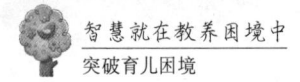

别喜欢在妈妈怀里蹭来蹭去,很喜欢黏着妈妈。郑丹心觉得女儿对妈妈有感情需要,这样的感情表达很正常,即使女儿不在身边,她也经常把女儿唤过来亲一亲她,抱一抱她再放女儿下去玩儿。如果有一天她没有抱过女儿、亲过女儿,她自己都觉得不舒服,更担心女儿是不是也像她一样在彼此思念着。

孩子大一些后,丹心发现特别让她不解的一个现象:全家人里女儿跟自己最亲,可女儿最喜欢欺负的人竟然也是自己!如果爸爸或爷爷奶奶要求孩子好好吃饭,孩子还听,可妈妈要是在家时,女儿总是这事那事地哼哼唧唧地找别扭,手里总能占着个玩具分心,或一边看电视一边让妈妈喂。奶奶也总说,妈妈不回来,她听话着呢。在外面玩儿的时候说到点儿就回来,谁带着出去都行,可就是妈妈带出去玩儿的时候,女儿总是磨磨蹭蹭的。有一次居然到家该下电梯了,女儿还死死用屁股顶住电梯门不想迈步,特别倔强而坚持,看得丹心好笑又可气。女儿怎么在妈妈这里这么不听话呢?

上学后,女儿仍然特别黏糊妈妈,同时开始学会跟她顶嘴。可和外面的同学和朋友交往起来的时候,女儿却表现得特别乖巧,很谦让:自己特别喜欢的本子都毫不吝啬地送给同学,一起玩的时候别人要当主角她也让着,对方违反游戏规则时,女儿就装作什么都没发生一样。看着女儿这么没主意,这么受委屈,丹心有意回家劝女儿两句,结果女儿立刻对着她发起火来:"我的事儿你别管,我愿意!"

可能女儿心里也正窝火呢吧?丹心虽然嘴上不说了,可又替女儿担心,又觉得养育这个女儿真累心。再有,她自己觉得很委屈,自己为女儿付出这么多,女儿怎么非但不领情,还最喜欢跟自己发脾气呢?

追求过度自由一定要受到约束

不是女儿只喜欢欺负妈妈，而是孩子在妈妈这里感到更自由，内心隐藏的不满更容易宣泄出来。天性自由是每个孩子的特点，只有在她特别喜欢的人面前，孩子才能放心地充分展露出来。然而，孩子的自由是要受到约束的，不是在别人那里得到约束，而是在她易放纵天性的人那里得到约束。越是在你面前放纵的孩子，在别人那里遇到分歧时，其实就越没有主意，有时会有一种很压抑甚至很窝囊的感觉。一般老人带的孩子多少都会有这样的个性，在老人面前特别任性，在外人面前又显得格外没主意、软弱，遇到问题也会不知所措，对自己很没有信心。

丹心说，自己也是这样长大的。她兄弟姐妹四个，她最小，爸爸妈妈感情不太好，爸爸把全部的感情都倾注在丹心身上了。爸爸每天下班，都会给她带回来一些零食，她会坐在爸爸腿上，搂着爸爸的脖子，一边开心地吃零食，一边跟爸爸有说有笑，逗爸爸开心，爷俩能说上老长时间；爸爸喝酒，她可以上桌吃最好的菜，其他的哥哥姐姐都不敢这样做；爸爸给她买最漂亮的衣裙，带她一个人出差，长大后替她找的工作，请好朋友给她介绍的对象……

结婚后，丹心怎么与丈夫相处，都找不到和爸爸在一起的感觉，毕竟年轻男子没有那么细心、那么会照顾人。虽然夫妻二人通常也挺谦让自己的，但毕竟也有忍无可忍的时候，两个人时常发生争吵，而自己的父亲从来不是这样的！可父亲岁数很大了，母亲去世后，

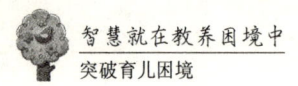

父亲跟哥哥在一起生活，身体也不太好，她不愿父亲总因为自己与爱人吵架的事忧虑。女儿出生后，丹心把自己的全部爱放在孩子身上，小婴儿有一点皱眉、一丝哭声，丹心都特别在意，女儿的笑脸，女儿的满足，对她而言是世界上最幸福也是最重要的事情！

丹心现在承认，原来，孩子只在自己面前任性发脾气，只欺负妈妈一个人是妈妈自己惯出来的，并且，自己也是一个很任性的人，这种个性也是自己爸爸惯出来的。此时的丹心感到，丈夫其实也一直对自己很担待，而自己与他相处时，的确太任性了。再一回想，怪不得小时候哥哥姐姐他们总是对自己很凶，单独在他们面前时，丹心表现出特别乖的样子，可一有爸爸，丹心就找到了靠山，不但得意扬扬，而且会提出各种要求，爸爸也都一一答应，而没有哥哥姐姐的份儿。丹心认为，爸爸单独对自己最好，那才证明爸爸最爱她。其实，爸爸对几个孩子不平等的对待，对她更偏疼，其结果却是使她内心从来没有真正成熟过、自信过。

精神彼此独立是父母给孩子最好的爱

丹心说，好像自己懂事起就一直在寻找着一个精神支柱，从前是爸爸，现在是她的女儿。丹心父母的婚姻不幸福，父亲才把情感寄托在自己的小女儿身上，然而，当一个人精神不够独立的时候，他的情感天平就已经不平衡了。对于丹心来说，她没有得到自我约束与公平概念的教育；对于丹心的母亲和三个哥姐来说，却失落了许多情感，心里也会产生不平衡。尽管父亲的爱始终是丹心心头暖融融的阳光，可现在重新反思，丹心更愿意父亲能公平地对待四个儿女，而不是自己获得更多父爱。

从前的时光不可能重拾。

女儿一生下来似乎也一直在寻找一个精神支柱，丹心跟女儿特别心贴心，她和女儿彼此相互支持着。可丹心的心智与精神并未完全成熟，很多情况下，丹心都过多地满足女儿眼下的要求，并且与女儿一起过分贪图情感的甜蜜，使彼此之间从来没有分寸没有距离，女儿很少有机会去失落，去内疚，去冷静反思，一遇到不如意，就会把懊恼的情绪全都倾泻给妈妈。

情感世界里，亲人们应该是相互依恋的，而精神世界里，每个人都要成为享受孤独的、独立自主的勇士，每个人都要学会独立思考，独立解决问题，独立承受困难，当然，我们可以寻求帮助，但不能依赖，更不能耍赖。如果爸爸妈妈占有孩子的精神世界太久，孩子会误以为自己永远和父母是一体的,所以彼此之间出现分歧时，孩子一定要争取自己做主。而孩子在很小的时候，他们很有自己做主的勇气，可往往在很小的时候，他们的经验不足，判断力往往不正确，父母如果这个时候不教孩子学会自己做主而是代他们做主，孩子离社会生活规律就会越来越远。不遵守自然规律，不遵守社会生活规律，人就会受惩罚。

不成熟的爱，像沙漠一样，没有温度调节能力，忽然巨冷，忽然巨热。

亲子之间，精神应该彼此逐渐独立，让爱成为亲子、夫妻及所有相爱的人彼此之间自由流动的空气和海水。

Part 9 调伏你的情绪
如降伏无数头猛兽

谁脾气大就该谁做主？

全家人，爸爸、妈妈、爷爷、奶奶，都特别害怕鹏程发脾气。鹏程一发起脾气来跟别的小朋友不一样，别的孩子顶多摔个玩具，哭闹一下子，而鹏程发脾气的时候会表现出很强的敌意，攻击性也很强，他会动手打人，而且嘴里会喊着"你必须死"、"我要用刀子在你身上划很多道口，让你流血而死"！在幼儿园时就经常被老师告状,上了小学后仍然与同学争执纠纷不断。

每天,大家都小心翼翼,谁都不轻易招惹鹏程不高兴,否则他一起发起飙来,谁也挡不住。可这几年下来,大家却都先后地发现,越是哄着让着,这个孩子脾气就越大。爸爸总想发脾气制住儿子,妈妈总拦着,奶奶一般不发言,在家里很安静,爷爷平时是家里的一家之主,只要他发话,谁都不能不听,但在孙子面前,这几年他也"退位"了,他太爱孙子了,对孙子不如人意的表现很无可奈何。

孩子随谁的气息而动?

鹏程为什么这么大的脾气?是先天的吗?的确有这种因素,孩子说话做事的时候气很急,气性很大,稍微不如意就要冒火的样子。然而,后天的环境影响也不容忽视,爷爷的急脾气起着很大的示范作用。每次老师一跟爷爷说鹏程又跟同学发生冲突了,出口和出手都太狠时,爷爷都立刻坚决否认孙子是这样的孩子。他与老师激烈地辩论说,孩子在家里很乖,从来不这样,他又没亲眼看见,没见到事实,坚决不能接受老师这种说法。回到家很久,爷爷都为此愤愤不平着,很难平息下去,过了很多天,都能想起来,一想起来,就又气不打一处来,一遍遍重复着当时的对话情景,强调着老师的不公正。

事实上,爷爷的脾气大有生理因素,也有心理因素。爷爷有高血压,有心脏病,也有糖尿病,这些疾病都会使人情绪产生很大的变化,使得心态难以调伏和控制。或者从根本上说,如果心态平和,

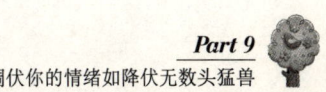

饮食适当，不焦虑不急躁，也不会患上这些病。

如果说爷爷的脾气是这些病拐带的，也不尽然，其实，爷爷还有很多个性心理因素。从年轻起，他就一直是这样的脾气，吃过很多亏，但他始终很坚持自己的做法，觉得都是别人不对。在家里，妻子让着他，独生儿子怕他，慢慢地，他已经养成了自己老大说了算的个性，不问道理，只想发脾气，事后跟谁都不道歉，而且似乎一直表现得比谁都委屈，事实上，是比谁都更像个任性的孩子。

鹏程的个性基因本身就随爷爷更多，再加上后天爷爷的亲身示范，对于鹏程式攻击性的情绪有了很大的不良影响。

一个人的情绪，大家的责任

虽然鹏程的情绪问题主要随爷爷，但不是说责任完全就在爷爷身上。在家庭这个团队中，一个人的情绪问题，在每个人身上都能找到原因。奶奶多年得不到理解，更不要说体贴，由于生性柔弱，她只能用沉默迁就来避免与爷爷更大的冲突。这种回避问题的态度实际上更助长了爷爷的坏脾气，他从来都没有认为自己错过。而鹏程的爸爸和妈妈也一直住着老人的房子，以老人较高的退休工资做贴补，尽量不惹老人生气，才使得老人的情绪经常如洪水般泛滥四溢，以至于鹏程的情绪也随之而动。

《礼记·中庸》里谈到："天命之谓性，率性之谓道，修道之谓教。"这里谈到的天命，不是我们每个人的天性，想怎么发就怎么发，这里谈到的天命是正道的本性，人的天性符合了天命，才会健康快乐而平安，而这种大道本性是要修养出来的，修养天命的过程，也是教养教育的过程。

《中庸》还谈到了："喜怒哀乐之未发，谓之中，发而皆中节，谓之和。"人的情绪未起伏时，恰恰是天道大道的天性根本，而发而中节时，也是通达了大道。中正之气，是滋养身心的自然进程，如果家庭中的每个人都不是任意随性地发脾气，都能加强自己的修养，都能在情绪上做到中和，每个人都各安其位，家庭成员之间一定会和睦相处安享天伦。

"中"是天理的根本，不可违背，"和"是天理的大道，需要追求。调节每个人的情绪，使之符合于节度，有着很实在的现实性意义！

请调伏你的情绪来滋养孩子的健康气息

孩子的气息随你起伏，你的气息随谁起伏？调伏自己心中无数头情绪猛兽，是每个家长一生的修养主题。

那么这些情绪是怎么产生起伏的呢？

人的气息受心念的监察和调控，一个见识较少心胸较狭隘、十分自我中心的人在与人交往时，常常会感到心理不平衡，他就会在起心动念时觉得委屈愤怒，想要为自己争取更大的权利，满足自己的需求。严重时，他会把对方当成敌人或感觉到对方要加害自己，自己必须要进行防卫，于是产生了攻击性念头。

而心胸宽广的人往往心里更容易安宁，他会经常出现良善的念

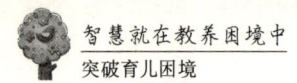

头,他会因为好朋友优秀出色得到好成绩而高兴,看到好朋友玩玩具时,他愿意等待轮到自己头上的时刻,即便是自己此次再没有机会了,他也会很平静地离开,不在心上一直挂着。因此,人必须要持续走出自我中心,不断丰富自己的见识,了解他人,不断反思,追求心理的成长与成熟,才能使自己的气息不太受那些狭隘自私的念头影响和左右。

再有,如果一个人的生理不够健康,内分泌系统较紊乱,呼吸系统、消化系统和神经系统等不和谐不通畅,五脏六腑功能较弱,血管壁很脆弱,精气神不好,感觉就会很粗糙简单或过于敏感而容易受惊。心里一旦出现不好的念头后,比如急躁、抑郁、生气、愤怒,身体内外如神经血管五脏肌肉皮肤等都控制和驾驭不了这种不好的念头,也会出现心脏加速,喘息加剧,眼神愤怒而狂乱,身体手舞足蹈等状态。

因此,父母平时一定要修身,跑步、游泳、静坐、瑜伽、太极、气功等活动方式,都能使身体大躯干和小肌肉这些无论微观局部还是宏观整体的部分更加精细轻柔起来。有了这样的修身成果,大智慧才会显现,你的智慧才能清晰明朗地调控头脑中的每一个念头和身体的每一次发动。

Part 10 教养行动要有远见

孩子没头没脑、没心没肺,不对自己负责?

徐鹏这学期期末考试成绩特别糟糕,尤其是数学,才考了二十几分,父母和爷爷奶奶都感到很震惊:原来上小学时没有发现孩子学习成绩这么差啊,怎么这学期成绩突然下滑得这么厉害?

徐鹏虽说也有些蔫头搭脑的没了精神,却还是缠着妈妈给他换新买的手机,原因是他本来就不喜欢这个牌子,妈妈偏偏给他买了这个牌子的手机。被缠得狠了,妈妈勃然大怒:"你自己的期末成

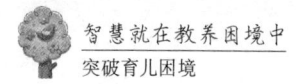

绩考成这样,自己不在家里认真反省、好好学习,还天天想着玩新手机游戏,你还有没有点儿自尊心啊?你知道我和你爸每天都有多辛苦吗?我们这么辛苦都是为了你能上个好学校,好好学习将来考上大学啊,你怎么就一点都不能体谅大人的心情呢?我真后悔生了你啊!"

徐鹏呆呆地看着妈妈,默不做声,妈妈感觉得到,她的话没有触动到徐鹏的内心,孩子似乎还不懂得体谅父母,不懂得对自己负责。她此时觉得儿子像一个没头没脑、没心没肺的肉球,看着她不争气的儿子,妈妈恨得咬牙切齿,扬起来手想打孩子,被爸爸在旁边拼命拦住了。妈妈的气撒不出来,跑到卧室放声大哭起来,爸爸跟徐鹏说,快点给妈妈道歉去,说妈妈我错了,谁知儿子脸上面无表情,一点儿反应都没有。

徐鹏的爸爸妈妈开了一个小工厂,生产水暖建材,市场竞争激烈,经济状况一直不太好,每天都很忙碌。有一点空余时间,妈妈或者自己上网玩会儿游戏或者就和朋友们打麻将,爸爸则和哥们一起喝酒,而孩子一直跟着爷爷奶奶生活。上小学时本来孩子成绩还可以,夫妻二人托了朋友花了高学费把孩子弄到了全市最好的中学,谁知刚上初中,孩子的成绩就差到这种程度,问题到底出在哪儿了呢?此时该怎么办呢?

今之果,昨之因

孩子怎么才能学习好?孩子怎么才能把数学学好?这是许多父

母都会问的问题。为此，父母们给孩子报数学辅导班，给孩子花高价钱请家教，可不少父母都感觉收效甚微。

与其把注意力集中到孩子身上，向外界寻求解决问题的出路，不如回头来沉思与观想一下孩子这学期的心路历程：

徐鹏生理年龄应该上中学了，心智还远没有相应成熟。

初一的课程与小学相比显然量大难度大。在第一星期的数学课上，他感到有些没听懂，他有些茫然，但他没有学会交流，更不会求助；第一个星期的东西没学懂，下一星期就没跟上老师的进度，很快，一个月就过去了，其间，作业是对付写的，小考试也比较差，不及格。很快，期末考试就来了，考试前，他也在看书，可心思不在书本上，在哪里，他自己都不知道，有时他会从门缝里偷偷看几分钟电视或从床铺底下掏出游戏小说看看。对于孩子遇到的难题和每一时段的状态，爸爸妈妈都没有觉察到，直到成绩出来，各科考得很差，数学分更是低得惊人，父母才受到了震动。

观想再回放到童年：

妈妈回忆说，婴儿时，徐鹏不爱活动，哭声也少，养着挺省心；两岁时，爷爷奶奶跟着徐鹏喂饭，徐鹏走到哪里，他们就喂到哪里，喂到楼下，喂到公园；三岁半，徐鹏被同班小女生咬哭，脸上带着牙印回来。

徐鹏本身不爱说话，父母也很少和徐鹏作更多的情感交流，尤其是近几年，爸爸妈妈没有陪孩子一起阅读课外书，没有一起做过数学趣味题，不知道徐鹏有没有好朋友，也从来不去观察徐鹏的脸上是否写着喜怒哀乐，只是寒暑假带孩子出去玩过几次。孩子的个性中缺乏少年应有的活力，行为上也缺少父母的引导，自我意识没

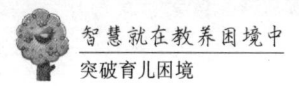

有得到充分的发展，孩子不觉得自己可爱，也不知道为自己争取学习成绩，也很少因遇到困难而要控制自己的行为和情绪，迷迷糊糊地随着大家天天上学放学，该睡就睡，想玩就玩。一直被爷爷奶奶照顾生活的徐鹏小学毕业后，上了初一。

教养孩子重在清晰的远见

每个父母都有自己独特的教养目的，有的父母认为从小就必须给孩子立规矩，让他有好的行为规范和教养；有的父母要求孩子必须学习好，长大才有好的工作，有好的工作就有好的生活；有的父母则认为孩子一定要诚实；还有的父母希望孩子只要快乐、健康就好，不一定非要考上大学。

每种教养目的都有独特的意义，但教养孩子的过程中，要想实现每一种教养目的，都要求父母具有清晰的远见。没有清晰的远见，看不到今日的行动或不作为对日后的可能影响及后果，眼前的每一个行动都可能会对孩子不利。

比如，婴儿小时候情绪过于激动不行，太过安宁也不行。孩子的生命力是需要激发的，要经常给他展示更具色彩更动听声音的玩具，经常和孩子交流，这样婴儿就会对周围的世界感到好奇，并一直把好奇心保持到青少年和成年，一直到老年。否则，孩子就会因为兴趣少、生活单调而意志缺乏，学习成绩自然提不上去。

再比如，孩子吃饭有很大的学问，规定一个固定的吃饭场所比吃饭本身还重要。孩子的肠胃在蠕动，脚步在移动，这样对孩子的身体非常不好不说，而且孩子会很容易把注意力集中在自己感兴趣的事情上。没有注意到与外界的协调，不与外界协调的结果，就是上学不想听老师讲课，有时也听不懂老师讲课，他会只喜欢自己一个人在自己的内心世界中天马行空，独来独往。

当孩子一边吃饭脚步一边移动的时候，父母或老人的心里一定要有根基，一定要留在吃饭场所，并尽力把孩子也留住，否则，家长心里没根儿，脚下就没根儿，身与心都随孩子动，就把孩子耽误了，可以说是害了。

再有，在每一时刻，每一天，每一周，每一月，每一学期，每一年，父母都要观察和思考成长中的孩子。如果你在开学的第二天就发现孩子的眼神有些蔫，就要关切询问；如果第一个星期就发现了孩子学习有些跟不上的苗头，你就要不断温和提醒孩子，并提出你可以给予帮助；如果你在一个月内发现孩子对数学畏难躲避，你可以请家教，至少找孩子，认真看着他的眼睛，给他鼓劲，鼓励他面对困难，向老师请教，并坚持每天检查孩子的数学作业。

结果，即使考试不好，他很沮丧，你其实早已努力过，并且也预测到结果，你也会很镇定，安慰孩子，因为你们一直在点点滴滴地努力着，所以你一定能一点点地恢复孩子的信心和行动力，期末后假期里的那一切吵闹都不会发生……

所以，当你的孩子在人生之初，在开学之后，一开始就遇到困难，有一丝迟疑胆怯，不自信的时候，你能观察到吗？你能感觉到其实那时他就已经需要帮助了。所以，当你怒火中烧，唠叨数落伤心愤懑，爱已经变成心理上的压力宣泄时，那时的爱，已经变成了一种生理上被动的自我保护。

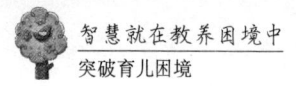

你和孩子的心，是越淡漠，还是越亲密了呢？父母的心智、心理年龄是否成熟？是否一直在追求成长？如果孩子的一切偏差自始时就得到及时的引导，都能得到父母深邃而敏感的觉察，每一步行动的力量该有多么大呢？

沉思自己的生命与生活

如果不是父母的生活过于单调，爱好过于单一，也不会使孩子产生枯燥感；如果父母不是总抱怨社会，抱怨别人，孩子也不会这样淡漠无情。当代的父母们工作忙碌之余都在做什么呢？大家都在做的事情，就是喝酒、打牌。

枯燥的生活，也会成为堕落的开端。

要想具有清晰的远见，要想教养孩子更有成效，需要父母用更多的时间锻炼身体，接触自然，读书学习，去沉思，去了解社会，思考人生的意义。不沉思生活的父母不可能真正为孩子做到负责。

父母在养育孩子的过程中不能图省心，一定要激发孩子生命的活力，要培养孩子清晰的自我意识，这样孩子才能发现自己的心灵所在。不但要让孩子形成健康的生活方式、健全的思维方式，更最重要的是让孩子更具生命力的个性。

功成事遂，教养孩子，需要功夫，功到自然成。

Part 11 请用心体察与关注那些潜移默化的家庭气息

一件由谁来洗碗的小事

思思家里。

爸爸站在餐厅里,隔着客厅向卧室里的妈妈喊:"吃完饭这么长时间了,你怎么也不收拾碗筷啊?"

妈妈说:"天天都是我收拾,你就不能动一动?"

爸爸显得不高兴了,沉着脸坐在沙发上看报纸。妈妈出来后轻

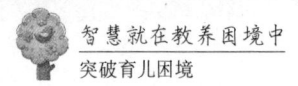

蔑地对爸爸说:"我说错了是吗?"

思思一边写作业一边说:"别吵了,你们都不洗,一会儿写完作业我来洗。"

爸爸妈妈很惊讶地一同扭身看正在埋头写拼音字母的上幼儿园大班的女儿。以前,二人从没有想过,他们之间的对话会这样进入女儿的耳朵。其实,思思的爸爸妈妈也许不曾想到,六七年以来,无数的家庭场景以及爸爸妈妈之间的各自的感受,都已经以一种很独特的方式被女儿视听,加工,处理,收录在心境里了,那些感受从来都不会消失,不知在什么时候,它们会浮现出来,影响着孩子的健康、个性、婚姻、与人交往、对生活的态度。有时,起着极大的支持作用,而有时,却严重地破坏着孩子的身体健康和自信心,从而破坏着孩子的生活稳定性和幸福感。

家庭里的一件小事是家庭是否健康和谐的全息投影

刚开始妈妈也没认为是她看不上爸爸,只当是两个人的个性不和。结婚前,她只是因为年龄大了,有些着急了,需要更稳定踏实的生活,经人介绍与思思爸认识不久就结了婚。婚后还没有思思之前,她就开始有一种感觉:只要丈夫说的话她就感觉不好听,只要丈夫的观点她就一定要反驳,睡觉都很烦和他一间屋子一张床。正好女儿出生了,她就开始和女儿一张大床,一直陪女儿到现在。丈夫的需求,不是她关心范围的事,她根本不想考虑。后来,她慢慢认清了自己的心理:原来自己是对婚姻,确切地说,是她对丈夫严重地不满意!

妈妈自己私下承认,自己更喜欢有能力有才华让自己佩服的男人,而自己的爱人各方面太平凡,相貌普通,没有什么见识,学历不高,工作一般,收入一般,没有任何爱好,不懂得体贴,又很不懂得谦让,什么活都不爱干,干也干不好,点点滴滴的,一次,一年,十年。妈妈的嘴巴很紧,从来不跟思思说爸爸的不好,思思还是能感觉到,妈妈和她一起时就眉开眼笑,一看到爸爸脸就沉,思思也会不自觉地沉下脸来,心情很不好。

就这样,妈妈的不快乐、不满意,爸爸的倔强沉默和孤单,就这样渗透到了思思眼睛里、耳朵里、呼吸里。思思学会了察言观色,当和事老,同时,思思似乎也对爸爸产生了轻蔑和鄙夷,经常学着妈妈的语气教训爸爸。不知思思长大后,对婚姻、对异性,会不会也如此草率和盲目,结婚后会不会也渐渐产生厌倦和挑剔,不能包容?如果思思妈更多地对生活进行反省,克制对丈夫的不尊重,是不是思思能够更平和更健康一些?

无意间的影响远胜过有意的教育

每个孩子的内心都有完整的需求,都有和谐的需求,而许许多多不和谐的家庭气息,都在潜移默化地导入到孩子的体内、心内,这些内在的不和谐,幼稚的孩子就把它放在心里,谁都可以当它不存在。长年家庭不幸福不和谐,使思思养成既容易迁就父母又容易挑剔父亲的分裂型人格,性格既柔弱又尖利,尖利无情的时候,她会刺到自己的柔弱情感，她感到很疼，却不知这种疼痛的来源，于是下一次，这种疼痛接着泛起成灾。

不去动脑思考的成年人，也常常被这种莫名的苦痛烦恼情绪持续困扰着，不明糟糕情绪生起的根源，不知结束的时刻。

对爸爸妈妈的挑剔，分明就是在分裂一个完整的自我，对父母不接纳不承认，这种压力对孩子而言几乎是泰山压顶似的，无法翻身。你歧视父亲，你却来自于他，你明明很爱给了自己生命的他，心里另一个声音——妈妈的声音，却在告诉你他不配你爱，不要去爱他。这会让孩子产生深层的内疚感。她有时会强烈地自责，会认为父母不快乐是她的错。正是因为这些影响是潜在的，破坏也是潜在的，所以，这一切发生的时候都是悄无声息的。深层的抑郁和自卑、深层的不满，直到遇到类似的情境，就会爆发出来。比如上学后与小朋友相处，谁都不知道那么柔弱可爱体贴的她，怎么突然变得那么尖刻不近人情。再如将来恋爱，男孩子明明喜欢上了她的温柔，可后来越相处越发现这个女孩子怎么不会尊重别人，怎么这样没完没了地抱怨和挑剔？

是看待人的角度问题？是当初没有发生爱情的问题？是婚姻的问题或教育的问题？还是我们的经验和智慧都太少，思考太少，思想才华太少，对自己的人生太不清醒太草率从事，对人性最美好的发现能力和感受能力太薄弱？我们是不是遭遇的挫折磨难还是太少，还没有以足够的挫折换取智慧，于是仍不懂得去珍惜？

在最平淡无味的相伴中，有最纯粹的善良

妈妈后来更接受命运更平和了，爸爸似乎也没有那么执拗和自负了，没有闹过离婚，不再大吵，大家相安无事，但妈妈仍爱不起来爸爸，爸爸也坚持着自己倔强而单调的生活。虽然，思思仍然能得到他们多倍的关爱，但这并不能弥补父母不相亲相爱带来的裂痕。

婚姻，可能不是因为爱情而发生，也可能永远都不会在婚姻里发现爱情，爱情强求不来。婚姻，是到了法定年龄，与一个异性相识，成家，相互扶持，赡养老人，生养后代。丈夫，不一定是你最心爱的人，他很可能不是你的精神伴侣，只是你的配偶。配偶，就是一男一女，一纸婚书。那么，要婚姻还是要爱情？要孩子健全的成长，还是始终在心里哀痛一直没有出现的爱情？如果只能留住一样东西，每个人会作出什么样的选择？

而思思妈明知自己的心不满意不满足，思思爸感觉不到家庭的幸福，他们俩却都让婚姻在这里存在着，安然存在着，没有触碰它的一点兴趣时，婚姻搁浅了。这一切是因为有思思，思思在感受着，承担着，痛楚着，隐瞒着，这样，对思思的健康成长非常不利。

既然不能作出分开的决定，一定要这样淡而无味地走下去，那么，为了各自的健康，为了孩子的成长，不如父母们各自去学些感兴趣的东西，培养一些爱好。这样既可以发挥才华展示给孩子自己更旺盛的生命力，也可以多结交一些朋友，发现更多的友情，同时也可以在自然而然的相处中发现自然和谐之美。

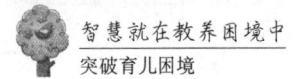

也许，不是对方不够美好，是我们发现美好的眼光太局限了，也许我们经历过的磨难还是太少，还不懂得欣赏卑微和平凡的美。如果思思妈经历过更多生活的磨砺，终会有一天发现：与自己相伴相守的他，一个屋檐下共同生活多年的他，虽然不是那个让自己怦然心动的初恋情人的类型，却踏实稳重，沉默中自然有静石般坚固收敛的韵味，他对自己有着相濡相伴、守望相助的恩情，他是一个让自己不动心的家人，而家人这个词，意味无限，永远都无法割舍。

Part 12 你究竟能不能静下心来学习？

儿子闹腾得真让人伤脑筋

妈妈小秦长得很大方，大眼睛特别明亮，说话声音也像主持人或播音员一样动听，穿着时尚，家居装饰也很讲究品味，就是性格稍急躁了些。丈夫人长得很帅气，经营一家大公司，小秦则自己一个人经营一家广告公司，无论策划公关还是传媒样样都很在行，朋友也多，都爱玩，总在一起聚会，一家三口每年都出去旅游，有时还是去国外，北欧、埃及都走过。生活挺美满，工作还顺利，可就是她发现孩子越来越不好管，最近这一年已经达到令人伤脑筋的程度了。

孩子的爸爸不这么认为，说树大自然直，孩子大了自然就好。可丈夫特别忙，根本没时间了解孩子的成长状况，更不知道该怎么办。小秦跟丈夫反复沟通了很多次，吵了很多次，说别以为是你生的他你就了解他，别以为你挣了钱养活了他就对他负责任了，可丈夫根本就听不进去，说小秦净扯没用的。后来，小秦都懒得和丈夫吵架了，因为她确认，虽然儿子是她和丈夫一起生的，但养孩子的事情，夫妻俩无法一起商量解决。

小秦说，从孩子很小时，她就发现儿子自我约束能力特别差。上幼儿园时，老师都反映，一天到晚都不见他有闲下来的时候，手上总得有个东西，走到哪儿都要抠一抠摸一摸。上学后，尤其是写作业时，注意力总是不容易集中起来，写着作业时一边听着音乐还要一边晃着腿。明明爸爸在那儿打电脑，他也要上去捣乱，拍拍老爸的头，动一动鼠标，爸爸直喊别动别动，这孩子怎么这么讨厌啊。有一次他居然笑嘻嘻地去把爸爸的电脑关了，气得爸爸推他一把问他干吗，他显然也生气了，他反着推爸爸一把说你干吗，彼此都很责怪。小秦以为儿子是多动症，去医院查了，不是，说儿子只是好动，一看电视三个小时都不动窝，肯定不是多动症。

这孩子太贪玩了，每天都想着怎么能玩上各种玩具，最近还偏爱上了魔术，整天想着各种各样的魔术材料、魔术书籍，还经常缠着妈妈，给他买这个书，给他买那个玩具材料，他要做东西。小秦刚开始还能平静地对儿子说："你注意力集中些，认认真真写作业，写好，考试考好了，我就给你买。"可孩子始终还在那儿磨，而且面无表情地、一句话说上几十遍地跟在小秦屁股后磨着要，小秦就被拱火了，歇斯底里地对儿子喊道："别跟我磨叽，烦你！"儿子似乎并没有受到震动，只是静静地看着妈妈，小秦吼叫后有些后悔，怕太过伤害孩子了，过一小会儿后，轻轻对儿子说了声："对不起，儿子。"没想到，儿子竟然又开始重复说："你现在就给我去买，我现在就要。"小秦感到儿子真是太冷漠了，怎么这么不理解妈妈不关心妈妈的情感，她开始有些恨孩子了。

聪明异常的大脑与狂乱的心

小秦面对自己的儿子，那只是当代社会中的一个孩子，如果她请教一下经验丰富的中小学的老教师们就会发现，与以往几十年的学生们相比，当今这个年代的孩子普遍存在这样的特点：贪玩，过于活跃，不爱学习，注意力难以集中。此外，伴随着这些特点，有的孩子还存在着更深层的心理问题，恐怕父母和老师们都还没有深刻体会到。

情绪调控能力及自我行为约束能力的培养应该从婴儿开始。有些孩子天生活跃好动，对什么事情都充满兴趣，这本身是一件好事，父母一定要给予孩子好奇心充分的满足和鼓励。但这样的孩子情绪很容易激动，一动起来很难控制住，这是一种生理神经系统、心脑血管及内脏器官活动和个性上的弱点，任其发展的话，不但影响身体健康发育，而且将来很容易给孩子带来很大的苦恼和挫折感，所以父母一定要注意引导孩子经常从事安静的活动。比如通过手工剪纸、阅读来培养他的专注力；当孩子在集体中过于沉浸在自己的游戏中忘乎所以地兴奋，其行为与周围环境不相协调时，父母就要及时呼唤导引他渐渐走出来；如果孩子过于活跃兴奋，给其他人带来不便，父母要及时温柔而坚定地制止。渐渐地一点一滴地引导，孩子才能培养良好的情绪控制力与行为约束力。

如果没有学会调控，孩子情绪过分活跃，行为过于爱动，虽然他们的想象力通常十分丰富，思维也极其跳跃，聪明异常，但思绪会很狂乱，行为与个性会很滑（不是油滑，是易滑出生活的轨道），他们会忽略父母和老师的要求，追求快乐至上。他们很难认真倾听并吸收大人们讲的道理，会过于任性，过于贪恋自己喜爱的游戏活动，当然，在那些游戏活动中，他们是非常专注的，但这样的孩子喜爱的游戏往往不是父母和老师期待的，所以经常会与周围环境出现不协调的局面。当孩子感到不自由时，他们的思维与行为就会习惯性地滑出生活的轨道，一门心思坚持自己的游戏和玩具。通常，他们也会注重眼下必须要做的事情，但放纵自己的心性惯了，他们很容易分心，这使得他们自己也苦恼异常。

比如，快要考试时，孩子正在写重要的作业题备考，这时的孩子要经历学习专注力的严峻的考验——

一道心理波流开始启动：我要准备解题，要做功课，这次一定要考好，让亲爱的妈妈满意，我开始翻开书和作业本……

就在几秒钟之后，该生另有所思，因为另一道心理波流又开始出现：要是数学题太难我不会做怎么办？我有些害怕，也有些厌倦，怎么也打不起精神……

几分钟之后，再一道心理波流出现：最近玩的一个游戏点卡快没了，也不知妈妈能不能给我买了续上；我费了老长时间的劲总也打不过其中一关，我怎么就那么笨呢，急死我了……不行不行，又忘了该写作业了，这作业怎么看着那么陌生不可爱呢？我还是先吃块巧克力吧。嗯？这种巧克力的味道真难吃，不如上次爸爸从德国带回来的香甜，什么破玩意儿！

一个多小时过去，我还没有写一个字，我已经分明看到妈妈焦虑的脸，听到妈妈愤怒的声音在临近，但我的心很乱，我的气力很虚弱，我的手就是无法拿起笔去往作业本上写一个字。爸妈最近总吵架，妈妈说爸爸开车太快，怕出事，让我觉得特别可气的是交通法规怎么能规定撞了行人要司机负全责呢？太不公平了，令人气愤！当然，他们吵架主要是因为我，一说起我学习的事情，他们就总是神态慌张，语气越来越激烈。那么大的人总吵架，真无能，又很可怜，他们说服不了对方，等他们说服了对方，再来说服我，恐怕得等到我自己变成老头的时候了。啊，我的这个想法很有趣吧，我真的很聪明，爸妈的CPU已经迟钝了，我比他们聪明多了，我越来越瞧不起他们。天哪，两个多小时都过去了，老妈快回来了，有种恐怖感一阵阵地越来越强烈地袭上心头……

父母的个性与生活方式之缺憾

小秦与丈夫在自己各自的家庭中都是老小，两个人都天性快乐，生活上一直没有太大的负担，上学，工作，自己开公司也都挺顺利，

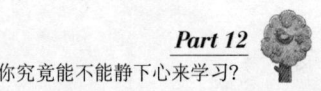

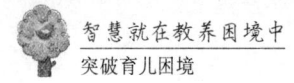

大家都觉得他们日子过得不错，他们也觉得生活挺幸福的。然而，越是这样的父母，越没有学会忍，从小到大许多抗挫折能力训练的机会都错过了，越是过得顺利的人，遇到孩子给自己出的难题越没办法，也越容易慌张急躁。试想，父母的精神还不够安定，父母的精力还不足时，孩子怎么能精神安定、精力充沛？

小秦表面上各方面都很顺畅而体面，但实际上个性容易亢奋，高兴起来很难控制，但也有抑郁的时候，心情很不好，独自流泪。创作型人才多少都有躁郁质，也就是亢奋高昂与抑郁沮丧经常交替，使身体产生很不舒适的感觉，这样的人生养的孩子多少都带有这样的特质。小秦的爱人做的生意比较大，接触朋友多，每天要面对和处理的问题都很棘手，他有自己的一定之规，经常要找一些朋友"摆平"一些事情，和朋友在一起吃过饭后经常酒后驾驶，开车时特别容易和别的司机较劲，开快车，占道，总是让小秦胆战心惊，两口子经常为这些事吵架。在山区里的路上开车，丈夫都容易把车开到时速180公里。夫妻俩的情绪和行为调控能力相对来说较差，相处起来就更容易情绪相互感染，就像身心都不太成熟，且需要磨难、冲突来帮助他们完成心理成长任务的两个大孩子。在这样的父母的教养下，孩子又如何能调控自己的情绪，驾驭自己的行为呢？

更有，现代不少年轻父母的工作内容和生活方式都令人目不暇接，表面上似乎挺有趣，实际上却十分花哨，严重地影响着人们内心的宁静。物质生活条件富足的情况下，好吃的好玩的一大堆，全世界到处去旅游，孩子们学习科学文化知识的愿望会更弱还是更强了呢？即使学习的愿望会更强，那么，这种繁华似锦的生活方式对于专注学习知识、深入思考的精神条件——安宁来说，是越来越有利还是越来越不利了呢？

　　细心的父母应该从文章一开头就能看出来并能感觉到，越是在表面上生活很华丽很快活很美满的生活，其实下面越隐藏着许多没有发展好的令人忧虑的困境。想一想，精神都被那些闪亮的礼品包装、变化多端的时间地点占据的人，哪里会有精力会有时间去关注去养护孩子的精神安宁？父母的工作与生活复杂多变不安定，孩子的各种念头则如同镜像一般，相续不断地涌出来，都不是与学习相关的，而是一些玩耍、不安事件等事情，孩子的心被妄念和幻觉占据得很满很乱。

　　每一个父母都是根据自己对人生的体会传递给孩子最好的东西。本分的农民觉得虔诚、勤劳、质朴最重要，他一定要传递给他的孩子这些美德；下岗工人咬着牙也得供孩子上大学，他认为自己是吃透了没有上大学的苦；办事情靠关系，打十几个电话就搞定事情的妈妈，会让儿子啧啧称赞，暗自发誓，长大后也要做"像妈妈那样的人"；家里经常有人送礼，父母再对送礼人、对所送的礼品来来去去地评头论足，孩子就学会了淡漠人的情感，只做优越感极强的评价。父母在教育中，无形地传递着他的价值观：父母在外面挣大钱；父母注重衣着的品味；父母常带着孩子去高级商场欣赏最奢华的商品，让孩子一定要爱上这些"好东西"才有奋斗目标；父母爱玩，经常带着孩子天南海北地长见识。孩子的见识的确丰富了，可是精神呢？附着在父母指引的那些东西和活动上，想收神时拉都拉不回来，孩子的神，又如何能守一？

　　神不守舍，魂飞天外，如何能聚精会神，如何不心烦意乱？神不在家，妄念开始称大王。

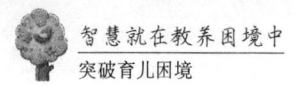

智慧就在教养困境中
突破育儿困境

父母要用一生完成对自己的教养

诸葛亮在《诫子书》中写道:"夫君子之行,静以修身,俭以养德,非淡泊无以明志,非宁静无以致远。夫学须静也,才须学也,非学无以广才,非志无以成学……"几千年来,这段令人凝神静气、文采斐然的文字令多少读书人沉静默记,又有多少读书人在激励着他们的子女去记诵,去收敛,去深思。

父母都看别人的孩子听话,别人的父母培养孩子容易,人的内涵、人的素质,怎么可能同日相比呢?当父母把宁静中沉思这种素质看得和生命一样重要的时候,他们自然就理解,这是孩子的心理需求。孩子因为被理解、被接纳,他也会理解父母的心意。

每个人,都是在以自己的世界观看世界,以自己的价值观判断价值,以自己的个性化培育着孩子的个性,直到产生了痛苦而去责怪爱人,责怪孩子。此时,开始怀疑自己,开始改变自我意识,才是良性教养的开端。

《大学》在开篇不久就提出:"知止而后有定,定而后能静,静而后能安,安而后能虑,虑而后能得,物有本末,事有终始,知所先后,则近道矣。"父母要会定神、静神、安神,之后,才可以去思虑,没有安神时的思虑,都是持续不断的混乱念头,跟随念头的则是伤害别人伤害自己的纷乱情绪。

宁静,深沉,镇定,有无穷无尽的力量。

父母如何能调控住自己的感性,向孩子很清晰明白地表达自己的心意呢？请让生活再朴素一些，请和爱人交流时再相互尊重一些，请平静而镇定地对孩子说出你想要表达的每一个字，这样，孩子才能感觉到你对他的一心一意、全心全意。

与家人相处的过程中，教养孩子的过程中，有些情绪、有些话语、有些行为，是属于尚存在于心里的未成型心理"产品"，只适合于心里存放着，让它们渐渐长大。父母要试着学会自己一个人整理凌乱的内心，调整内隐的思路，进行逻辑推理，自行消化你感受到的委屈、愤怒和困惑不解，争取把这些不成熟的心理"半成品"都留在内心里完成。那些不良情绪情感，来自于错误而偏狭的判断，缺少各种信息，缺少与对方的通心共感，缺少坚定的爱的信念，缺少坚持一直爱下去的纯洁的信仰。人们很少会反观自己，几乎从不怀疑自己的思想，而背叛爱的，往往是自己的认知判断，自己的思想。

当自己还没有完全说服自己，不能平心静气时，跟爱人跟孩子不屈不挠地冲突五个小时，也说服不了对方，而且孩子的心会越来越乱。女人的心情，对于家庭所有成员内心的安宁，至关重要。

教养孩子需要内在极强的定力，首先要做到的就是克制自己。自律不是忍气吞声，不是顺从妥协和回避，而是随时关注并调伏自己嗓子眼刚升起的那一口气、心头的一股火。那些都是错误的判断带来的不良情绪，杀伤力极大。平静后再升起来的那一种清凉感觉，是最宝贵的冷静。长期冷静中反思，不断地改善自己的判断、自己的观念、自己的思想，孩子才会向你学习，把心静下来，去倾听父母，去专注地学习。

Part 13 你是否能适应随时的变与动

儿子总是出状况真让人不省心

寒假里,身为一家贸易公司业务主管的孙芳每天都一遍遍催着儿子写作业。她一边忙碌着自己的工作,盘算着今年的工作计划,在心中笔头上列举着潜在客户的名单,一边又想着新房子装修的材料款项,还一边计划着儿子的寒假作业进程。这一切本都计划好了的。儿子每天写一篇,春节有几天假期可以不写,到开学前一天刚好写完。可临开学前三天，儿子闪闪烁烁地拿出一个小本子，闷着头在那儿看，一会儿又发呆。

孙芳不知是什么东西，要看，儿子还不给她，连哄带吓唬的才要过来。孙芳把这小本拿到手后，越看她心里越发麻，越有气，到后来，真感觉到肺都快气炸了。原来，寒假作业本只是儿子作业的一部分，老师还要求把数学书上的作业题全做一遍，另外还有五篇作文！可儿子自放假以来，从来不告诉她实情，只当没有这回事，临到开学了，也实在觉得按捺不住了，才把记作业的小本子翻出来反复琢磨，看该怎么办。

本来以为儿子的作业随着开学的临近已经都完成了，突然冒出这么多的作业，孙芳一时没反应过来，又是惊又是气，狠狠地数落了儿子一通：你怎么能这么不懂事呢？自己的事情自己不知道该怎么办吗？你以为你给我学呢？本来期末考试考得就不好，现在你又给我来这些事！我自己的事情计划好了我就按计划办，说干什么绝不含糊，可你呢？怎么一点儿都不给我省心啊！？然后又威胁儿子说，等爸爸回来要告诉他，看他怎么收拾你。

孙芳推搡儿子的身体，用手指头使劲戳着他的头，接着，在客厅厨房卧室转了几圈。稍稍静下心后，孙芳开始帮儿子做计划，一边计划，一边又责备儿子。儿子一脸很糗的样子，任妈妈唠叨，对自己堆积如山的作业也显得很着急又无奈。

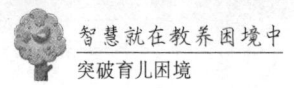

你是否察觉到了生活中随时存在变与动

孙芳对儿子要求严格，在儿子出现错误时明确指出并帮助他及时挽回错误是对的。但这件事表面上看是儿子不乖，没有养成自己负责的意识，可孙芳在刚放假之初，询问不够彻底，导致监督不力，尤其是发现儿子作业如此之多，根本无法在三天之内完成时，孙芳反应过于惊慌和激烈，这样很不利于孩子的心理素质和应变能力的培养。

为人父母，抚养孩子的辛苦都在不言中，而最让父母感到心力交瘁的，不是身体上的辛苦奔波，而是孩子总是出其不意地冒出各种各样的状况。出现危险情况，会把父母的胆子越吓越小，胆子越小，越受惊吓。孩子淘气，父母会很烦躁，越烦躁，孩子就越是捣乱，不知这样的情形什么时候才能结束。

婴儿时，孩子半夜发烧，父母抱着孩子，心急如焚地在外面夜路上等着打车去儿童医院；好不容易病好了，孩子也会走了，他最喜欢做的一件事却是把垃圾筐踢倒，踢得垃圾满地都是。你心烦意乱，嚷他打他屁股，他哭过后，仍然在做，好像听不懂你说话，同时又感觉很委屈的样子，好像你不爱他了。

幼儿时，说好到点回家，可他偏要留在外面玩不肯回，在楼梯上死把着不肯回来，又小又倔的样子让父母简直不知所措；给他买的很贵的电动玩具，发脾气时说扔手特别快，一下就给摔坏了，你都来不及按住他的手；在床上玩没注意时，一头仰过去，磕得声音都哭不出来。

上了小学，写作业磨蹭，注意力不集中，一会儿一提醒，考试成绩忽上忽下，你的心也跟着忽冷忽热，学习不用心，一说玩起来上下翻跳着让人心里直忽悠。

中学，孩子沉默不语，你更不理解他了，也许，孩子已经谈了恋爱或沉溺于游戏，也许有一天，老师通知父母：孩子需要好好管管了，他又如何如何。

即使没有什么变故，父母也都被从前的各种变故吓怕了，时常会教训孩子：听说有一个年龄跟你一样的孩子拿了家里一万块钱出去打游戏，你可不许向他学！孩子也许心里会想不通：这哪跟哪呀，我怎么会做那种事？他会觉得父母草木皆兵的样子既可气又不得不听着，心理的叛逆期却慢慢靠近，直到更大的变故发生。

你的爱中夹杂着什么吗？

有的父母在含辛茹苦养育孩子的奉献过程中，对孩子不断出现的事故总会感到不适应，哪怕每天只出一点事故，他们都会很不适应。比如孩子平时写作业还算认真，可今天的字写得有些潦草，妈妈首先会感到不舒服，然后就一遍遍地责备，孩子不情愿改，她就会拉着脸不高兴，孩子会很困惑：不知道妈妈是在帮自己学习还是为了拿自己当出气筒；要是孩子早晨上学出门慢了些，爸爸的拖鞋就可能横飞过来了，孩子的心脏会随着爸爸的"愤怒的拖鞋"而受到惊吓。这些都是当代父母们对孩子的各种行为感到不适应的表现。

在孩子顶嘴、磨蹭、不专心、做小动作、懒散、贪玩时，总之是他做得不对的时候，你在心里会升起一种什么样的感觉？是不舒服，还是夹杂着不舒服和担忧，或是担忧之后坚定地想要帮助他？第三种情感是比较成熟的教养心态。最成熟的教养心态应该是：对孩子的任何失常行为表现都不认为是在给你找麻烦，你都能从中发现孩子成长的生机，每一次你都镇定自若，游刃有余，安之若素。如果父母能控制住自己的情绪，孩子反倒很容易明了什么是正确的做事方式，这才是对孩子最圆熟的爱。

然而很遗憾，现在的许多父母每天都有很多的事情要处理，期间会纠结着很复杂的情绪，受这些复杂情绪所困，人的适应性非常僵化不灵活，遇到孩子再给他们"添麻烦"时，他们很容易被惹火。父母们会把那些致使他们不舒服的情绪，随着对孩子的"关心"和"教育"，一股脑儿地过度灌给孩子，让孩子得到的"爱"中夹杂着深深的指责，从而引起孩子内心的困惑和不安。这些内心的不安使得孩子的安全感发展得不够纯粹彻底，随时都会在将来再度引发不良事件。

不是孩子变动大毛病多，是父母的情绪中杂染的东西太多了。

每天，我们都在和孩子相处，我们不太快乐不太满足，我们心里充满了不安，就要求孩子极尽完美，如果有一点不如意，父母就会感到委屈，感到吃惊，吃惊后的各种不良情绪随之而来，什么情绪情感都有可能：惊讶，愤怒，怨恨，委屈，悲伤，有成见，反复唠叨，觉得自己对、孩子不对。当父母心惊肉跳时，孩子更在心惊肉跳。

在给予孩子爱的过程中，我们给予孩子的精神负担过重。

保有纯洁的爱及明察的心助你以静制动

面对孩子行为表现的小小挑战,如果父母的爱是十分纯洁的,孩子就会迅速进入解决问题的状态中,问题很快就迎刃而解;可如果父母的情绪情感较为复杂,那么孩子也会被感染得较为复杂,结果亲子双方的情绪越波动,情感越复杂,又相互依赖又相互指责,彼此越来越幼稚,一件事没解决,不安感却在增加,时间越来越久,一件小事能引起更多的问题和挑战,只能在日后更深层的痛苦中警醒。

还有的父母已经让自己熟悉了一些磨砺,孩子就开始放纵,花钱,贪玩,耍赖,做正经事时眼光茫然失神。父母以为自己没看见,不知道,以为那样没有什么,于是不太在意,装作糊涂一些,直到孩子的性格和学习成绩还是出现问题了,那时,行为问题的小苗已经长成根基很深的不良习惯了。

不是孩子变得太快,而是父母过于纠结或过于凝滞了。当父母运转变慢了,就没有准备好迎接孩子的变化,甚至有时孩子并没有给你变故,而是父母已经先躁动上了,看谁都不顺眼,挑起更多的事端。

要想掌好家里这条大船的舵,父母心里不能先起了风浪。

只要冷静下来,就会发现心情存在的宁静空间,而精神世界的辽阔,是送给别人最珍贵的礼物。

事实上,如果父母的情绪足够宁静,情感足够纯洁,他们的适

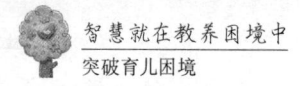

应性会很好,即使孩子出现小问题,父母只需要一次凝神静气、毫无杂念的引导,就可以立起规矩,孩子就会坚决遵照执行!比如你可以认真地看着孩子的眼睛慢慢地平实地说:以后背诵诗歌要一字一顿地背,宁可认真地说一个字,不能潦草地背一首诗;再有,可以为孩子做如何吃饭的示范:怎么样才能不把饭菜洒到衣服和地上?饭碗要放在桌子上,前胸向前倾,手托着碗,即使掉了饭菜,也会落在桌子上。这些规矩,如果父母教得认真,孩子一次就能学好,以后也会认真执行。

父母要想更轻松地适应孩子的变与动,一定要保有对孩子最纯洁的爱明察的心,我们要对孩子随时出现的变与动进行充分的心理准备,甚至对孩子的变化充满了欢迎渴望的心态。

Part 14 读书人的教育理想与现实生活

谁都跟你对着来吗?

晓薇的模样文秀,身体较瘦弱,很爱思考,对儿子的教育总是很有自己的想法,思想相对比较独立,不少想法都与教育书籍上的方法不谋而合,这更增加了她的自信。可孩子的姥姥、姥爷和爸爸从来不看教育书籍,而且,在面对同一件事情上,总是与她的想法不一样。

比如,她认为孩子不能惯,孩子爸爸偏偏惯得厉害。早上起床,

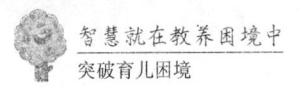

如果晓薇没时间，就由爸爸催促孩子穿衣服洗脸刷牙，孩子能在爸爸身上蹦蹦跳跳地闹半天，姥姥把牙膏已经挤好了，姥爷把热腾腾的早饭端到了桌子上，筷子和勺都摆好了。晓薇认为，应该让孩子更规矩些，能自己做的事由自己做，有自我服务意识，而那些纵容会让孩子觉得一切都是白来的，天生就该得到别人的服务，会把孩子惯得越来越不好管，她甚至觉得这样做简直会害了孩子。

然而，越是跟丈夫解释这些道理，丈夫越是听不进去，还说，我们家五个孩子，我妈从来没有看过什么教育孩子的书，难道她不懂教育吗？我们几个都是大学毕业，现在工作家庭也都不错，要是光听书上说的那些话，最好谁也别要孩子了。晓薇不明白，丈夫怎么可以这么倔强这么自信？他的很多做法违反科学，违反孩子良好行为习惯培养的规律，以后会产生无数的麻烦，有今天的放纵，就有明天的失败！

儿子每天都有磨蹭、沉默不作为的抵抗、耍花招和偷懒的小毛病，这些问题每回都让晓薇看得一清二楚。当她一针见血地指出来时，大家似乎谁都没看见的样子，更不表示要配合，这让晓薇头疼不已。每个人都跟自己对着来，教育孩子从来没有像今天这么难。

动脑思考与本能直觉的冲突

总是能听到母亲们抱怨孩子不听话问题多，丈夫和老人跟自己教育不一致。妈妈们在表示苦恼之余都认为，只有，而且必须，全家人教育观点一致、态度一致，才能教育好孩子。要想一致，就必须按照专家所说的,科学地了解孩子,科学地教养孩子,而不是随意任性地按照从前的生活习惯去教育孩子。

晓薇是个读书人,爱看书,爱思考,对孩子的教育有独立的想法,想从小培养孩子的好习惯,这些都特别对。而且,单从晓薇坚持的道理来看,相对来说真的是比较合理的,尤其是与她的这些教育思想产生共鸣的人们,会觉得这是一种很美好的教育理想,一定要去坚定地追求去实现。

然而,再好的道理,也是要融化在生活中的。

在一个家庭中,每个人都有自己的行为习惯,每个人对孩子的成长都有自己的独特做法,有的人是动脑思考,很多人凭的是直觉。而读书人通常来说会更习惯用文字、用大脑思考来支配自身的感知觉和言行,即使有直觉出现,比如心疼孩子吃不到糖的哭声后想向他妥协,读书人会用道理来克制自己的冲动。事实上,许多人即使不读书,但他们有更长久全面的教育期待,也会在教育上坚持一定原则不放松的。

可还是有不少人更喜欢用直觉去面对孩子,他们不愿意动脑想更多,更喜欢享受天伦之乐,喜欢随时触摸孩子皮肤的感觉,他们也想教育孩子自己做事,但孩子既然不太情愿,他们就会愿意替孩子去做一些事,比如追着孩子喂饭,弯腰替孩子系松开了的鞋带儿,帮孩子背书包等。

到底谁更正确呢?这个问题是没有答案的,生活中有许多问题都是无解的。按照书上的道理教育孩子也对,按照生活中的直觉影响孩子也对,有许多工人农民不识字学历不高,他们照样也能教育出社会栋梁之才,他们靠的是家庭世代沿袭下来的传统美德。然而

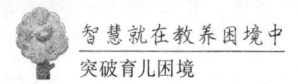

也的确有父母遇到令他们困惑的问题时,没有养成学习思考的习惯,不会尝试了解儿童心理发展规律,更不去研究、试验、不断调整解决问题的方法,一直只凭借着本能习惯和直觉去面对孩子,遇到烦恼就发脾气和唠叨,这样更容易使孩子养成不良习惯。

生活中的感悟是最好的老师

晓薇还提出,只要爱人很长一段时间不在家,出差在外几个月,而姥姥姥爷又回了老家,只有她和孩子单独在家时,孩子最听话,特别好管,她一再强调:这是事实!

当然,这种情况的确是事实。那么,晓薇想怎么样呢?就想孩子爸爸永远不回家?或者大家都回来了,全都闭上嘴巴不说话,不和孩子互动?强调孩子跟她在一起好管,是事实,但不现实。其实,晓薇很单纯地抱着自己的道理和理想,一定要回避现实,排斥他人的情感需要,躲避教育中更复杂的因素,与执拗为伍到底。

像晓薇这样的读书人,很容易在坚持原则时情感变得很僵化,眼里只有道理、效率、原则、理性和理想,但在家庭里面,是前面这些原则性的道理和理想更重要呢,还是情感更重要?老人、孩子都很注重情感的表达,接受道理也会在情感得到满足的时候才能去接受。

每个人都在动脑用心去做事,每个人也都有敏感的直觉,生活中要不断地提取一些道理,再把道理尽量不留痕迹地融入生活中,这样的道理才是最有效的道理,否则,道理会被甩下,感觉的河流还是要载着生活之舟继续前行。

Part 15 让粗浅在觉悟与修养中磨得精深

妈妈万般痛苦是为何？

小伟的妈妈因为小伟学习磨蹭又鼓捣东西，在对小伟不知是第几次又一番大声呵斥后，终于忍无可忍，摔了家门咽咽咽地跑下楼，跑到楼房的东头，蹲在墙根底下号啕大哭起来。本来自己每次下班前就害怕去学校接小伟时面对老师，老师这次却偏偏又向她走过来，又用焦躁责备的语气向妈妈告了小伟一状。小伟这次跟平时犯的错

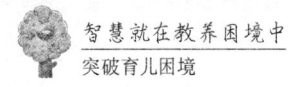

误差不多。

小伟班主任老师对小伟的概括性评价就是两个字：傻淘。妈妈很注重班主任老师的评价，何况，每一个科任老师都对小伟很头疼：上课做小动作，总出怪声，做鬼脸，别的同学没法听课，谁优秀谁学习好他从来不关注，谁要是有什么好玩的，他立刻就能凑上前去，上自习课都能被同学引逗得下座位到处走。回家写作业特别磨蹭，注意力根本集中不起来，本来二十分钟能写完的作业，他能从晚七点一直磨到半夜十二点，这样说一点儿都不夸张，几乎每天都是如此。而且，作业一般记不全，每次都得电话里问同学，考试成绩更是常常不及格。

妈妈觉得这孩子不管是不行了。这一次孩子写作业时，她不断地提醒着孩子注意力要集中，要集中，提醒的声音越来越高。她忍了很多次后，看到小伟又走神了，气得她夺过小伟手里的钢笔，向孩子反刺过去，钢笔尖戳破孩子的胳膊，一小丝蓝色墨水痕迹浸入皮肤。小伟这时才回过神来，惊恐地看着妈妈，妈妈又痛恨又心疼，大声呵斥了孩子一通，才摔门"离家出走"了。

粗暴简单的时刻也要记着尊重孩子记着自尊

小伟妈妈的工作每天跟钢铁车床打交道，思维和个性都是粗线条，教养起孩子来很粗暴简单。小伟的个性随妈妈，也很粗率。妈妈不愿别人说自己的孩子不好，特别想要自尊，其实别看小伟天天给妈妈惹事，他也特别想要自尊。有一次，小伟妈妈嫌孩子下楼磨蹭了，出了单元门之后，狠劲用力推搡了孩子的脑门一下，小伟立刻紧张得左顾右盼。妈妈看得出来，儿子是怕楼底下有邻居看见，这让她更是又心酸又气恼。

有的人个性粗暴简单同时不讲理爱耍赖，不太懂得尊重别人，表现得也不太自尊，而像小伟和妈妈这样的人则是愿意尊重别人，也很想要自尊的。需要自尊的人心里会有这样的感受：我是自尊的，如果别人尊重我，我的内心很安全，这个世界很太平，也很和谐。

妈妈也知道孩子是要脸面要自尊的，可为什么他就不能做得好一些呢？我这样不也是你逼出来的吗？我好好说谁让你不听的呢？我也是咬牙切齿地恨过头了才那么损你的。

小伟妈妈是要小伟做得好一些才尊重小伟的脸面呢，还是无条件地尊重和完整全面地接纳孩子？许多父母在关心孩子的学习习惯、行为习惯、学习成绩的时候，都忽略了孩子最基本的需求，也是让孩子心灵更安宁更和谐的需求——尊严。事实上，尊严是每一个人最基本的需求，每一个孩子从小都应该得到无条件的尊重。

惩罚孩子、打骂孩子，是父母对孩子的心做了不消毒的情感手术，这种方式只能使孩子更迷茫更不知所措。不成熟的小孩子在磨难中很难悟到自己应该做个好孩子，他只有被完全接纳了被关爱了，他才与父母通心，才能领悟到你的期待。

父母要把尊严、无条件地尊重孩子，排在孩子的学习成绩、学习习惯、行为习惯，各项能力表现之前！

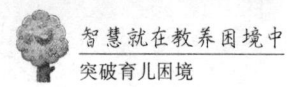

不想在磨难中成长，就要不断在觉悟修养里成长

一个又一个磨难接踵而来，孩子考试不及格，打游戏半夜不回家，偷家里的钱，和别的小朋友打架。孩子的心理远没有断乳，还有太多的地方需要父母引导才能成长，还有太多粗浅的地方需要父母的帮助才能变得精深。

觉悟与修养，是使粗浅变得精深的必经之路，而父母们要受苦受难到何时，才会真正认清惩罚孩子并不可取，自身的觉悟和修养最重要？

有些人在平日思想中不断产生觉悟，发现一个道理就坚持下去，这样，就减少了许多磨难；有的人则一定要有磨难才开始觉悟，而有的人则一定要在苦难里打转，一遍遍地痛苦，一遍遍地亲子冲突，还没有觉悟，也根本感受不到修养的力量；还有的人，则是在顺境逆境中都去觉悟，都有思想上的收获，都在努力地提升自己的素质，修身养性，这种成长是双向的，父母与孩子一同成长。

现代开放的社会与从前半封闭的传统社会不同，从前的家庭传统美德就是潜移默化的教育，民风朴实无华，一种好的影响能坚持很多年；现在的社会各种思潮不断冲击，价值观却变得很单一，成年人是挣更多的钱，学生是要挣到更多的分数，而人本身的内涵越来越不被发现和重视。在这个时代，更需要经常思考质疑。

不常思想觉悟是被动的，不是主动的，是他主的，不是自主的。父母不能凭老师怎么看重整齐划一的纪律，怎么注重学习成绩，怎么评价孩子就对孩子严加责罚，父母一定要有自己的观点，为自己做主，才能为孩子做主。

孩子反叛、沉溺于游戏都不足以打败你，你依赖无主般的随波逐流却可以让你崩溃。老师的评价、嫌弃并不可怕，你要什么时候都和孩子站在一起。如果他真的有错，你可以用沉默的眼神去责备他，但不可以用责备的语气去刺激他，父母在愤怒时的语气是难以控制的，而孩子的心是非常敏感而且脆弱的。

不断加强觉悟和修养的父母，不断使自己粗浅的心变得更精深的父母，才会给予孩子最正确有效的关爱。而父母这种对孩子的关爱，会成为孩子内心冲突时最正义最光明最鼓舞人心的爱的势力，而不是外在的击沉孩子自信心的势力。他会认为，他在你的内部，他属于你，他很安全，你很爱他，他很感恩，很想报答你，报答你的方式，就是做一个你期待的好孩子。

Part 16 做一次孩子试试

你有时真的让我很烦

妈妈李静很质朴，身材厚实，穿着发型都很朴素随意，说话也口齿伶俐，看上去像那种特别能干活、吃苦耐劳型的母亲。家里的摆设都比较陈旧，但摆放得都很齐整。她谈到，儿子太依赖，晚上睡觉早上起床都要和她赖一会儿，早上总是丢三落四的，经常要姥姥给他往学校送东西，数学书、语文作业、红领巾都送过。孩子爸爸特别忙，什么都指望不上，孩子教育的事情都要靠她一个人拿主意。

而且，孩子遇事特别没有主意，个性很软弱。李静说，其实，她心里真的有时挺烦孩子的。她一会儿语速很快，一会儿又有些哽咽，她承认，她的脾气也不太好，经常跟孩子嚷。李静说儿子不好的时候，只是静静地在那里坐着，偶尔左顾右盼一下，似乎没听进去，偶尔递过来的眼神中又表现出有些紧张不安。

中午吃饭的时间快到了，李静开始很麻利地准备午饭，中午大家都吃面条，有两种卤，红烧牛肉和西红柿鸡蛋，儿子和妈妈吃的口味不一样。

开始时，大家埋头自己吃自己的，吃着吃着，儿子说："老妈，我要尝一尝你碗里面条的味道。"李静用慈爱的眼神温柔的声调对儿子说："来尝吧。"李静身体离开饭桌一点儿，儿子开始凑身前去。看样子，李静本以为儿子就着她的碗尝一口她的面条就回去了，没想到，儿子开始费力地从妈妈碗里向自己碗里夹面条。一时间，桌子上、妈妈和儿子的衣襟上溅得全是油汤和油点，面条也悬在半路上前后都没有着落，而且就要瘫软到桌子上。

一看到这种情形，与刚刚的温柔慈爱相反，李静的脸部肌肉开始紧张，声音也大起来，露出一种很不耐烦的神情，责怪着孩子："你怎么这么弄，弄得哪哪都是油，你别弄了，还是我来夹吧。"一边夹还一边唠叨，"在我碗里吃多方便，泡着汤才有滋味，夹回去了还有味道吗？你知道自己不行还非得干……"因为有客人在家吧，儿子有些耷眉搭眼的样子听妈妈训，也不表示反驳，可他已经不再是幼儿园里的他，也明显有更强烈的自尊心了，此时他沉默着，但这种沉默中似乎有一种很重的男人一般的分量。他忍受着自己的

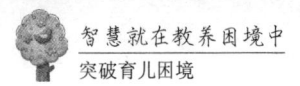

不如意，也分担着妈妈的不如意，可分明令人感受到，一个外表显得性情柔软的小男孩儿，正蕴积着一种走向大男孩的尊严和力量。

请用心滋养孩子的成长

李静一直担心儿子太依赖，丢三落四，软弱没有主意，其实，每个孩子成长的力量都是蕴涵在内并且渴望向上的。应该说，每个孩子都渴望独立，有条理，更坚强，更有主意更自主。李静眼睛看到的心里担心的，只是她印象中的儿子，不是孩子本身的成长势头。

那么，是不是李静的情绪过于低落，心态过于停滞在孩子的缺点上了？

其实，"面条"事件从头到尾，孩子都表现得很大度宽容，一直在尊重着妈妈，担待着妈妈的指责，这本身就是一种独立和坚强，他的沉默也显示出他有自己的主见，沉默是他自己做了选择的结果。如果这样去看孩子的成长，像李静这样担忧和抱怨孩子的妈妈们是否能更信任孩子一些？

再有，即使孩子的确有一些依赖，软弱没主意，如果像李静这样既充满爱心又随时容易被惹火的妈妈，也只能让孩子更加依赖更没有主意。孩子会搞不懂：为什么妈妈有时会显得那么宽容安详那么爱自己，顷刻之间，就能变得那么烦躁，那么不喜欢自己？随着李静的情绪起伏波动，孩子的心也会起伏波动，情绪变化过大的孩子不太容易自信，所以依赖性更容易滋生出来。

你想做的是你自己，还是想做孩子？如果每一次共处过程中，你在心里把每个人的感受都历经一遍，最后你还会像刚才那样急躁吗？

现在就请闭上眼睛设想：如果我是我的孩子——

我还很小，还在长大，真希望世上能有一个人完完全全接纳我，随时都肯定我存在的意义，耐心帮助我改正错误，这个人我认为是妈妈；

我喜欢家里来客人，但不希望妈妈在客人面前指责我的过错，那样我会感到不安；

我听到妈妈说话很快，我的心脏也开始跳得快起来；

感到妈妈有些伤心，我的心情也很不好；

我想尝尝妈妈碗里的面条的味道，但不想趴在她的碗边吃饭；

我想要夹好面条，不想弄得到处都是油，可使用筷子的技巧还不太熟练，我感到沮丧；

我想让妈妈温柔地教我如何把两只碗挨在一起、如何使用筷子，而不是指责抱怨我，我一个人忍着吧，可是这种感觉真的很孤单……

父母如何增强自己对孩子的忍耐力？就是你要变成他。

当你的心进入他的内部中心，你会在当下就理解了他心里是什么滋味，他更渴望什么，更担忧什么，你的心里则会产生巨大的情感撞击。那是一种什么感觉说不清楚，其实是一种慈悲心，你希望他更好更快乐，你不希望他失败和痛苦，而且你想完整地接纳他，帮助他成长，由此，孩子会更自由更健康。

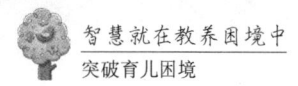
智慧就在教养困境中
突破育儿困境

走出个性孤岛，一念之间把心打开

那么，如何才能变成孩子呢？要想变成孩子，要不断去除杂念，最后，只留一念——正面的光明的一个念头就够了。

如果真要想孩子所想，感觉他的感觉，我们就不能总是自说自话。想一想，我们平时是不是习惯了自己发言，习惯了表达自己的期待和失望？许多父母一说起来话根本无法控制住自己的情绪，也无法驾驭那些纷乱的念头，即使自己的言语没有中心思想，没有表达出对孩子真正的关心和教导，仍然无法控制住表达的势头。这种"沟通"方式表面上是在交流，实际上却是单向的，只是在你内部里打转，根本没能把你的心意传达到孩子心里。这种封闭性的"沟通"方式只能继续把自己孤立成一个孤岛，让自己感到自己的孤立无援。

在这个孤岛上，李静感到教育只能靠她，丈夫根本指望不上。的确，李静这样的妈妈在家务活上任劳任怨，家里的事情几乎都是她在做，家里不是很宽裕，但收拾得很干净也非常整洁。可她心里的孤岛就是这样被她打扫出来的，虽然她很想关心孩子，却不允许孩子有任何与她的"清洁规则"不一致的地方，一产生"错位"，她就开始烦躁不安，指责是孩子的问题。

李静要解决的问题，也许不是孩子依赖，不是孩子软弱，不是孩子总给她添麻烦，而是她自己内心的封闭。这些封闭给了她很不好的生活感受，生活中的不如意不是孩子给她带来的，是她自己的心长期在孤岛上被束缚，既孤单又太僵化。

越是内心封闭的人，表现出来的越是或喋喋不休或咄咄逼人的抱怨。

被封闭的个性控制住的人感觉很不自由，当然就情绪低落，烦躁，不快乐，她所看到的人和事都像是眼前的墙壁在给她添堵。事实上，当一个人遇到令人烦躁的难题时，只要稍微有一点点正面的念头，只要一线的光明之念，就能产生能量，就能获得力量，就能转变眼前的一切！

当你一念之间认为是孩子的问题，内心就会迅速形成一种惯性，认为是他在给自己添麻烦，就会产生一系列苦恼；可如果你一念之间认为是自己的心不够自由，自己想要变成孩子，感受一下他到底怎么想的，自己怎么才能帮上他，即使孩子有错误和缺点也要去包容他，孩子就一定会感觉到：我在妈妈心里，我的错误也在妈妈心里，我的难处在妈妈心里，而妈妈的期待则在我心里，我愿意为了妈妈，为了自己，去实现妈妈的期待，去做好我自己。

Part 17 家庭教育不一致是为何？

教孩子知识、教孩子遵守规矩也不对吗？

赵全在儿子没出生之前就对孩子的教育很重视，她就阅读了大量的心理与教育的书籍。孩子到了可以游戏、读书、写字的年龄时，她就开始加班加点地给孩子上课了，她一定要让她的孩子上一个正式的好大学，别像她一样上了一个不太正式的大专。赵全的很多中小学同学都上了好大学，而且现在的工作都比她挣得多，也都有自己买的房子，跟老人分开住，不像她，一家三口寄居在公婆这里，还要请公婆带孩子，虽然有些依靠，但终归不自在。

赵全在公司做市场部秘书的工作很辛苦，每天回来都已经快筋疲力尽了，还要辅导孩子的各门功课，有的是学校各科老师留给孩子的作业，还有一些是她额外给儿子布置的作业。身体不舒适，心里烦，难免就对孩子没好气，高一声低一声地训斥孩子，而训孩子的时候，爷爷奶奶都在家里，虽然老人心里很不高兴，嘴上却很少说什么。

一天晚上，身体又感到不舒服的赵全正在帮儿子做课外辅导题，这些题不是以数学题的形式出现的，而是一些逻辑推理的游戏。赵全相信一家校外教育机构的说法：孩子的数学不好与逻辑推理能力较差相关，所以她特地买了一大堆逻辑游戏的书籍和资料，要给孩子多吃一些小灶。可她一遍一遍沿着自己的思路引导儿子，儿子就是不开窍，当奶奶觉察到赵全说话嗓门变高之后，终于忍不住从厨房出来说，赵全，孩子作业都做完了，你就让他玩去呗，做那么多课外游戏有什么用！一点儿都没用！

赵全听婆婆这么说心里很震惊，转而很沮丧也很难过，本来我够累的了，我教你们家的孙子是为了我自己吗？不是为你们的后代更好吗？本来我寄居在你们家我就不愿意，都怪我的丈夫没能耐！越想越生气，简直觉得自己嫁到这个家亏透了，这个家太不把她当回事了！当天丈夫回家后，爷爷奶奶刚好带孩子外出散步，赵全劈头盖脸地就责骂丈夫：你妈真是太不讲理了！你妈什么都不懂，还要干涉我教孩子知识，你妈……丈夫被赵全责骂得有些发蒙，丈夫本就是个犟脾气，什么也没说，转身就走，当天很晚才回家。赵全

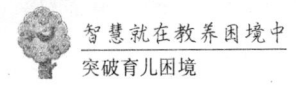

心里被他们母子俩这么一顶,甚至都不想把日子过下去了,她有了离婚的念头。

赵全自认为自己对这个家勤劳诚恳负责任,没有想到会出现这样纷乱的家庭局面,她越想眼前的情况,越觉得这些年全家教育实在太不一致了。她喜欢对孩子经常讲道理,立规矩,孩子也按规矩来,在她这里,孩子的一切都能扶上正轨。可在妈妈这里好教育,在爸爸和爷爷奶奶那里就又不听话了。明明答应关电视,明明答应少吃糖,可在其他几个大人的纵容下,孩子就是说话不算数,一有其他人在的场合,儿子就特别不好管。一次放暑假,爷爷奶奶带孩子去外地海边玩,刚到地方不久,奶奶就劈头盖脸打电话回来跟赵全说,孩子出门,吃饭睡觉穿衣服都挺听话,特别乖,一在你跟前就不像样。奶奶气呼呼地说完,把气撒完,就把电话挂了。当时赵全被婆婆噎得目瞪口呆,转而火冒三丈,又跟丈夫去理论,两口子激烈地争吵了好几天。

她现在就更苦恼了:难道我教孩子知识,教孩子自立,教孩子规矩,做错了吗?我这都是为孩子好啊,为什么大家都跟我不一致?

价值观差异与情感隔阂的深重阻挡

赵全的确有望子成龙的良好愿望,也为孩子的教育为了这个家付出很多,但她自身的确有她在自己的角度上看不到的不足和缺欠。

通常来说，人们很少或从来不怀疑自己的思想，赵全恰恰以自己的思维惯式一直在处理着家庭关系，面对着孩子的教育。

赵全很羡慕自己同学的学历、工作和收入，她把这些方面看成幸福生活的源头，这些物质名分的东西在赵全心里压得过重，而她又把这种重担转嫁到了孩子身上，连累家人一起跟着紧张。要知道，在一个家庭里面，尤其是对于孩子和老人来说，得到年富力强的中年人的接纳和肯定非常重要，获得情感和尊重，要比获得好成绩重要得多。而赵全工作很累很辛苦，每天都在最辛苦的时候给孩子补功课，就会对孩子更没有耐心，教点儿东西，就要求孩子立刻就会，不要走神，不许孩子说不会，如果孩子有一点不如她的意，她就会马上感到不自在，这样，对她还有孩子和老人来说更是苦上加苦。教孩子功课应该是在心里轻松，双方都愿意的情况下展开的，不能在天天都疲惫不堪的时候进行，赵全的个性略显得僵硬，教育方法也过于僵硬了。

还有，当婆婆说做这些游戏学这些东西没用的时候，当婆婆从外面劈头盖脸地打电话过来的时候，赵全很容易伤心。表面上，赵全好像很独立，一个人在支撑孩子的教育，很有想法和行动力，但事实上赵全很依赖，不能自主，依赖的一个明显表现就是容易受别人的影响。其实，如果她觉得她做的事情对，就应该很自信地坚持自己的做法，并且适当向婆婆解释这其中的原因。如果婆婆一时不能接受，赵全该坚持的坚持，以后再试图说服也可以。

婆媳之间本身就存在着情感隔阂，试想：如果是孩子的姥姥提出质疑的话，赵全就不会这样愤怒和排斥了。所以，赵全要经常开导自己：婆婆也是自己的妈妈，不要跟她隔着心，一家人不说两家

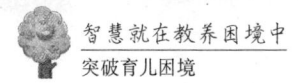

话，应该把心放得更宽一些。什么时候，都应该把家往一起合，而不是总是单独分心去想其他人的不是，否则，家庭教育永远也不可能一致，甚至家庭还会走向解体。

不能用放纵的妄语把丈夫推到对立面

赵全在与婆婆不一致时，她把苦恼诉诸丈夫想讨个说法，但丈夫并不知道里面的详情，即使知道了，他夹在母亲和媳妇之间也很为难。何况，赵全的态度一开始很强硬，强硬的态度只能激怒对方，再想说服对方理解自己、配合自己，那几乎是不可能的，矛盾只能激化，情形只能恶化。赵全还是需要修养自己的性情，凡事都要冷静地分析、思考和判断，冷静地平等地与爱人与婆婆交流。

再有，赵全作为女人做了很多的事情，很辛苦也很卖力，但女人的一个共同的缺点她也具备，那就是念头上较为幻想、放纵和奔逸，经常会很任性地想一些或说出一些很自我中心很不讲道理的话，如果这些念头还不足解气和表达自己的思想，她们会继续演绎，再去推演出来一系列的想象，在心里反复上演、复习，直到她认为自己真的很委屈，受到了伤害。经常在心里面幻想着去诋毁，幻想着受伤害，等机会来到的时候，嘴里就像没有把门的一样，口才极好地，一气呵成地，把这些编辑得"成熟"的幻觉思想一股脑儿说出来，这样会让孩子、让爱人、让老人十分痛苦，但女人们似乎对此一无所知，一直持续地保持着这个伤害家庭成员情感的心理特点。

比如，当赵全被婆婆数落教孩子那些游戏没用时，赵全就开始了自己的心理创作和推演："本来我够累的了，我教你们家的孙子是为了我自己吗？不是为你们的后代更好吗？本来寄居在你们家我就不愿意，都怪我的丈夫没能耐！自己嫁到这个家亏透了，这个家太不把我当回事了！""你妈真是太不讲理了！你妈什么都不懂，还要干涉我教孩子知识，你妈……"这些话都是赵全最痛心的时候想说的、想表达的心理状态，但这些话只是一时迷乱时的气话，却是让丈夫痛心的话。要说累，大家都累，"你们家的孙子"、"你们家的后代"，这样想是在推脱责任，自己都没有把自己当主人。而妻子怪自己的丈夫没能耐就更不好了。夫妻两个人既然走到了一起，就应该相互安慰支撑，相互肯定鼓励，抱怨对方只能让对方产生厌烦感，两个人的心越隔越远，一口一个"你妈"这样说话时，赵全已经把丈夫推到了对立面。

家庭教育只追求和谐不追求完全一致

在家庭教育中，完全一致是不太可能的。面对孩子想吃糖果，想在外面多玩一会儿，想买玩具，不想写作业时，我们自己都会矛盾很久，不知是否应该迁就孩子一次，有时被孩子磨烦了，就答应他了，有时自己心情实在不好，就态度过硬一些。所以，所有家庭成员在教育孩子上完全一致是不可能的。

事实上，家庭教育能和谐也很不容易实现。因为每个人的个性、习惯、思维都不同，各自都坚持自己的想法，否则就会感到委屈憋

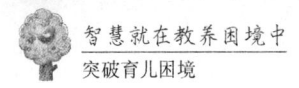

闷，而且，每个人都认为自己正确，一定要据理力争，否则怕对孩子的成长不利。

在家庭中，每个人都是为孩子好的，也都是爱这个家的，但每个人看问题的角度都有局限，至少，我们要承认自己有局限。同时，每个人都可以努力的是：不断地开放自己，打开自己的视野，试图从对方的角度去考虑问题；再谦卑一些，再虔诚一些，不断向上包容似的思考；出现问题时，不要留下沮丧和责怪，不作有偏见的判断；时刻监督着自己，而不是在内心不断产生妄想，不断指责别人，不断复习烦恼。

如果一定要教孩子学规矩，遵守规矩，不能由妈妈或爸爸一个人制定并一个人监督孩子执行，要经常把自己为孩子定的规矩公之于众，不要自己闷着不说，看孩子违反自己制定的规矩时自己在心里生闷气。执行规矩时原则上要遵守，但可以视孩子的年龄稍微灵活些，洒脱放下一些，幽默一些。当父母诚恳又轻快地让孩子执行规矩时，孩子也能很容易接受，其他的家庭成员在一旁无意中听了也不会心里拉紧，不会被推到对立面，从而想保护孩子，与你作战。

要想家庭教育和谐，最重要的恐怕还是成年人之间彼此的情感和谐。渐渐地，当家庭成员之间彼此都消除隔阂，彼此都非常容易为对方着想，而不是只是考虑自己时，家庭就会变得和谐，而家庭教育也会和谐。

经常试着为别人着想，替别人找理由，所有的人都会与你和谐共振。

最后，一旦家庭教育不和谐音符出现时，一定要保证心地纯洁清净，不作任何不良观想，要向好的方面看，同时要感到喜悦，积极而镇定地寻求最和谐最融合的解决出路。一定不能勃然大怒或自卑哀伤发愁，一定不要被消极不良的情绪控制住。不良的情绪越是不断累加，人的头脑就越不容易清醒，越容易指挥自己的行为出昏招、说昏话。

要想整个家庭和谐幸福，父母的心灵要时刻注意一点点地去觉醒。

Part 18 真爱无疆

我最爱的真是你

黄晶的女儿小的时候就开始表现出来明显的独占心理,还没有学会走路的时候,她就不让妈妈抱别的孩子、碰别的孩子,如果妈妈对别的孩子表现出来好感,她会非常敏感地发觉并大声喊叫表示不满。有时,连妈妈拉一下姥姥的手、抚一下姥姥的肩,她都会面露生气的神色。黄晶每天都拥抱、亲吻女儿,女儿对于她的身体亲热方面的需求似乎永远都没有尽头。

长到两三岁时，这种独占妈妈身体的习惯已经有所好转，但另外又有其他的迹象表明，女儿仍然很自我中心，非常排他。比如，黄晶不能当着女儿的面夸别的小朋友长得漂亮，也不能表扬哪个小朋友拍球拍得多，就算人家的衣服好看，妈妈也不能说，一说女儿就气得不行的样子，用白眼瞪妈妈；妈妈要是再接着夸下去，女儿就一定会嫉妒得大哭起来，再去哄她，她就会对妈妈连踢带打的，又气愤又吃醋又委屈。

此外，女儿特别争强好胜，什么事都要争第一，什么方面都要争先，但总是因此而情绪起伏特别大。只要有小朋友一起做事，无形中，她就在跟别人作比较，声音、神情和动作上经常流露出来对别人的指责和对自己的担忧。不管玩什么，她都要当主角争第一，而且一定要求大人夸她做得最好、唱得最好、跳得最好，否则，她就哭丧着脸，只要有谁稍一惹到她，她就会脆弱地哭起来，弄得原来挺好的小朋友们都不愿跟她一起玩儿了。非但不跟她玩儿，而且大家还特意躲着她，凑在一起边小声嘀咕边往她这边看，这样，她更是心里没底了，受到的打击就更大了。

黄晶和爱人刚开始时觉得女儿太争强好胜了，不能由着她的性子来，所以就硬别着女儿的性子来，就是夸别人好。可他们发现，越是这样，女儿对爸爸妈妈的抵触就越强烈，而且显出更加慌张不自信的样子。和女儿相处久了，黄晶很担心女儿爱较劲的性格，担心女儿这样将来恐怕抗挫折能力太弱，因此，在教育女儿时就开始注意多用鼓励的方式，经常表扬她。可后来黄晶发现，女儿会不时地想起来告诉妈妈，她哪一点哪一点比别的小朋友们都强，若黄晶稍微客观谨慎地说她的哪方面需要继续努力，因为比哪个小朋友还

Part 18
真爱无疆

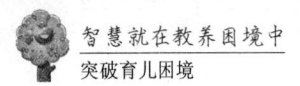

差些时,她又开始不高兴接受不了。鼓励她,让她过于自负,不鼓励她,孩子就很容易心里没底,不自信,这让黄晶很为难。

上学之后,女儿已经懂得害羞,懂得隐藏自己的嫉妒心理、爱表现的欲望和独占欲望。可黄晶发现,女儿并不是没有了爱表现和争强好胜的性格特点,而是心气更高了。的确,女儿学习成绩优秀,小提琴也拉得很好,人也越来越漂亮,声音也动听,可一旦出现考试比赛的情况,女儿就表现得特别焦虑紧张,那种紧张的情绪影响到全家。黄晶和丈夫都觉得怎么安慰孩子都无法平息她紧张的情绪,一旦考试不理想或比赛失利,哪怕只得了第二名,孩子接下来的一两周内就会陷入对自己深深的不满,经常表现出不自信的神情。一旦黄晶不小心提到取胜同学的名字,女儿就要莫名其妙地发脾气,承受能力很弱。

在黄晶心里,女儿是世界上最重要的人,而且,女儿的确在很多方面都已经很优秀了。无数次,女儿问她:"妈妈你爱不爱我,是不是最爱我?"黄晶都一再地向女儿重复表示:"你是最棒的孩子,我在这个世界上最爱的人就是你!"但这句坚定的誓言似乎总是能给女儿带来片刻的浅层的安抚,女儿仍然不相信自己是最棒的,仍然时而焦虑。

父母对孩子的暗示与影响

对于女儿这么争强好胜、排斥他人,承受挫折的能力又如此脆弱,黄晶一直很担心,也很难理解。有人曾经提议,让她不断鼓励赞美女儿,她做了,不但没有好转,女儿反倒更得意扬扬并且表现欲望更强烈了。再后来,又有人建议她别对女儿要求太高,可黄晶发现,女儿对自己本身就要求很高,即使爸爸妈妈什么要求也不提,女儿都会自己主动确定与他人相比较的目标,不管是滑滚轴溜冰,还是拉小提琴,还有各科学习成绩、手工制作成果,女儿都会与别人相比较。

说到女儿的争强好胜,黄晶回忆起自己的学业遗憾。她说自己脑瓜一直挺够用,学习成绩也还不差,但运气不好,高考之前情绪波动特别大,而且陷入情感的纠葛中,她喜欢的一个男孩子喜欢另外一个女孩子,结果,人家两个人都考上了大学,谈上了恋爱,只有她没有考上。为此,黄晶一直都耿耿于怀,心里又责怪同班的那两个同学,同时,又恨自己为什么关键的时候不争气。

虽然后来她又考了成人高考的大专,有了一份工作,但她始终对自己的学历和工作不太满意。有了女儿后,从孩子一两岁起,黄晶就开始给女儿教授各方面的知识,锻炼各方面的能力。能想象得到,黄晶带着自己对生活和学业的遗憾,举手投足,从眼神到语气,有许多期待女儿为她弥补遗憾、为妈妈争气的气息都传递到了女儿身上,而与她息息相通的女儿怎么可能不争强好胜呢?

说起女儿爱嫉妒,谈话渐渐深入后,黄晶很不好意思地道出,在她们一家三口之间,这种酸酸的感觉总会时常泛起,很微妙,捕捉不到,即使谁意识到了谁都不愿挑明,但那种嫉妒的感觉的确存在。比如,如果她和爱人坐在客厅的长沙发上聊天,女儿就会很敏感地插进来坐,一脸不高兴的样子说:"你们在说什么呢?那么小的声我都听不见。"如果爱人和女儿一起开开心心地看电视,女儿

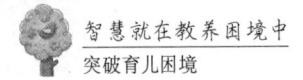

坐在爸爸身上跟爸爸又搂抱又说笑的，黄晶也会感觉到一些很不舒服的醋意，她说不好那是什么原因，或许是嫉妒女儿，或许是嫉妒丈夫。总之，曾经对她百般爱恋的丈夫把这种爱意分给了女儿那么多，多少令她有些失落，而自己从小就悉心照料费尽心血去培养教育的女儿跟爸爸能这么亲热，黄晶也觉得心里不太平衡。而丈夫呢？特别喜欢问女儿："你最爱我还是最爱妈妈？"每次女儿都回答是妈妈，黄晶心里很欣慰很满足，觉得自己为孩子付出的一切都是值得的，再看丈夫的脸色，不愉快的神色已经浮现。

另外，从刚一生下女儿开始，黄晶就特别注重和女儿的身体接触。无论是婴儿时期的抚触还是幼儿时期每天的拥抱亲吻功课，不断地说"我爱你"，黄晶都做得很用心尽力。只要女儿在家，她们娘俩过一小会儿就会去寻找对方抱一下亲一下表达一下相互爱对方的情感，然后再去各自做事。这种过于依赖身体的温暖和触觉的做法也容易过度激发孩子对母亲身体的占有欲。身体的接触和口头语言对于表达爱而言，在人生的哪一个阶段都是必要的，但如果过度地依赖那些口头上爱的承诺，身体的拥抱、亲吻，很容易使亲子双方一直停留在表面化的爱的表达中。爱本身是很深沉的，更多的是一种沉默的坚守。当然，这要很多年以后孩子才会懂得，但现在越来越多的孩子会贪恋皮肤触摸的感觉，越是有形的东西孩子就越会产生独占心理，因为有形的东西是有限的，这样会影响孩子对于情感的理解、对于精神独立的理解，以后，也会影响友谊、爱情、婚姻。

不安来自于内心世界的狭窄和黑暗

许多人都不能接受身边的人比自己强,比如一般的男性都不能接受女人比自己强,甚至有的女人也不能接受爱人超过自己。还有,同学之间、同事之间更会如此,亲戚朋友之间也经常会出现这种微妙的心理,如果别人取得了什么成就或有了什么好运气,自己心里既为对方高兴又会心理不平衡:为什么我们一起这么久,他的房子就比我的宽敞?这么好的房子怎么没摊到我头上?为什么他的收入就比我多?凭什么他的生活就那么舒服而我却这么累?

当暗暗与人相比较时,心里落差就产生了,那些不能很好地接纳自我的人,就开始心理不平衡了。成年人自己有各种方式去调节这种心理的不平衡状态,而孩子则需要父母来安抚、引导和支持。尽管成长之路上有父母的陪伴,但如果恰恰父母本身就是造成孩子心理不平衡的主要原因,孩子的自我接纳的功课要比常人艰难得多。

人为什么会在自己的家里,最亲密的一家三口人也会出现这种争爱、唯恐被夺爱的嫉妒心理呢?用自我意识的理论来理解,这种内心感到不安全、很想表现自己、恐怕自己被冷落被埋没的人的心理阶段仍然处于一种比较幼稚的自我中心时期。这个时期,人们的心灵不够开放,需要更多的安全感,期待更大的关注和爱护,当他们持续得到关注和爱护时,就能得到稍许的安慰,否则就会出现不安,情绪也会随之起伏不定,认知上也会出现较严重的偏差。他们会认为自己的不安甚至恐惧感来自于他人,于是出现了严重的排他

Part 18
真爱无疆

甚至攻击。

不安来自于内心世界的狭窄和黑暗，即自我意识的不成熟，绝不是因为别人的优秀。

在孩子成长过程中，父母将面临一个十分重要的培养内容，那就是健全成熟的自我意识。自我意识健全而成熟的人，会坚持不断地完善对自我的认识，他们不但学习文化知识，而且还不断反思自己学习文化知识的能力；他们注重解决问题，更注重解决问题的方法和途径；他们期待自己有很强的能力，但更注重与周围的人进行配合，善于观察周围环境和他人对自己的反应，并进行适当调整，遇到挫折后善于自省和反思，了解自己的弱点和强项，以此和他人进行合作。通常来说，自我意识健全成熟的人独立自主，有责任感，主动创新，他们很热爱生命和生活，他们接纳自己所生活的世界，从而很接纳自己，很热爱美好的事物而不仅仅爱他们自己；他们团队意识极强，他们把自己视为环境或团体的一部分，把朋友视为自己生命中很重要的一部分，而不是彼此对立起来，他们相信每个人对于这个团体都有着非凡的意义，每个人都有着自己最独特的价值，每个人都不是完美的都要不断追求自我完善，他们会在对自己非常自信的前提下，心甘情愿地为朋友的成绩感到高兴，同时，他们会善意地提醒朋友的不足和缺憾；不管遇到什么事情，他们的心理体验都十分快乐，因为他们心胸宽广，精力充沛，情感丰富，心理负担非常小，因而能释放出更多的精力和能量，成就感和幸福感很强，生活体验非常愉悦，也有强烈的同情心，生活方式健康，喜欢从事创造类的活动，生命充满活力。

那些自我意识不够健康成熟的人，往往会割裂自己和周围环境和他人的完整的关系，所以总是显得过于自我中心。事实上，越是自我中心、十分看重自己、争强好胜的人，往往越是不够自信的人。他们对外面世界的感知是麻木的，很少知道也不去管别人需要什么，只是在强调和突出着自己的感受和需要，视野非常狭窄。自我意识不健全也会产生认知上的障碍和偏差，因为他们的关注点往往在自我上，而不是在与自我息息相关的环境和他人上。他们会责怪他人，排斥他人，忌恨他人，由此，就会产生不健康的情绪和情感，他们总是处在不停地担心、警觉地守护着自我的"荣誉和利益"中。越是自我中心，内心世界越会产生空虚而梦幻般的失落，他们会恐惧，会愤怒，会伤心，会自卑，甚至有时会产生绝望。如果持续不去打开内心，包容别人，从而包容自己生活的真实世界，自我意识不健全造成的麻烦将会更多更大。人际关系、婚姻、工作乃至心理健康，都会出现更大的阻碍。这一切麻烦都是以自我为中心的错觉和幻觉演绎出来的，是不甘心把自己消失在环境中，消失在团体的大爱中的表现，其根本原因就是一直还没有发现内心完整的爱，没有发现自己和自己所处的世界，这个世界里出现的所有的人，所有的这一切都是一体的。

在健康的自我意识走向成熟期间，人们的心理总是发展得有些微妙，夫妻之间、亲子之间，都会产生嫉妒，也会各自有失落，这些都是自我意识成长期间自然的心理状态,这种不成熟的自我意识，会有不成熟的爱。如果父母自身修养不到位或不透彻，如果对孩子的引导不及时不准确，就会影响孩子自我意识成长成熟的进程，为将来的生活留下隐患。

Part 18
真爱无疆

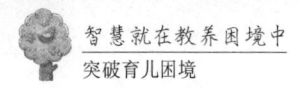

智慧就在教养困境中
突破育儿困境

孩子自我接纳的功课需要父母圆满的爱来完成

曾几何时，我们心中的爱本来都是一体的，但随着身体的分离，每一个人都被"抛"到这个世界上。出生以后，渐渐学会认识"我"、"我的"、"你"、"你的"，人和人之间交往是受限制的，不可能无限地占有和侵犯，这些人与人相处的交往规则我们每一个人都需要学习和完成，否则，人们就无法和睦相处。但每一个人还要去学"我们"、"我们的"，这些意识是更宽广的自我意识，是消失了小我之后的意识，因为，爱，是共有的，是可以相互分享和彼此传递的。

孩子在自我意识的成长过程中出现了独占心理，产生了排斥他人和嫉妒的心理时，如果不但没有得到安慰和及时疏导，反倒还被父母数落，孩子就有可能更加不想走出自己狭窄的内心世界，孩子的内心也会更加不安。孩子不会认为是因为自己的"小心眼"、"爱拔尖"、"争强好胜"招来的批评，他只会更加不安，会认为父母爱的都是别人的孩子。一个女孩子长大后，一次悄悄地对来家里的阿姨说："告诉你吧，我妈妈最喜欢的是别人家的孩子。"尽管父母一身正气，很想维护真实性：别人拍的球就比你多，这是事实！别人跳的舞就是比你好，这也是事实！但在父母强调事实的同时，孩子对父母的信赖，想要父母呵护自己的期待，也渐渐隐去了，终究会留下许多隐隐约约的不信任感与不安，会形成个性中极不成熟的部分。

其实，你明明是爱她胜于你的生命，不管她是什么样的孩子，她有什么样的成绩表现，你都是最爱她的，那么，父母就应该在孩子慌张失措的时候，首先感受到孩子需要安定和帮助，而不是训斥，更不是孩子需要鼓励和夸奖之后才自信。之后，要想到的、要去做到的，是如何让孩子自己控制住过于放纵的独占心理，而不是试图强行制止这种狭隘心理。为此，父母要以一种既慈爱又具有威摄力的眼神和语气向孩子传递这样一种讯息：我最爱的人是你，你这样做已经很过分了，你需要收敛了。父母要在此做得既包容又有控制力，既威严大气又细致体贴，既保证孩子得到足够的安慰与镇定，又让孩子发现父母内心世界是开放的是爱整个世界的，慢慢地，孩子也会这样模仿去做。

父母做得圆满，给予孩子坚定的爱，让孩子感到安全，孩子就会内心更加安定，与他人、与环境合一就尽快地成为可能。当孩子再遇到排斥他人、嫉妒别人、心里慌张时，他心里会听到父母这样的声音传来：我的爱属于你，为了爱好自己，你必须更是属于这个世界，我们都属于这个世界，你在这个世界中，对于我而言，是最重要的，所以，我要把世界上最好的东西全都给你，希望你越来越长大，越来越宽广。于是，孩子哪怕嫉妒别人到绝望了，他也能靠父母的支持启动自己内心更大的力量，开拓自己狭窄的视野，感受到他人的需求，分享别人的成功，坚定不移地爱好自己，做好自己。

Part 18
真爱无疆

Part 19 善待孩子就是开恩自己

女儿的气性何来如此之大

徐畅说女儿从小就很厉害，几个月的时候，看到大人在张嘴闭嘴吃东西，孩子就"啊啊"地叫着也想要尝尝。再大一些会走了，看到别的小朋友玩的玩具和书，上去就夺，不管人家大人在不在场，一点都没有惧怕的意思，如果妈妈把她抱开，女儿就会气愤地大声哭闹起来，一哭能哭上老半天，非常委屈的样子。

现在女儿都上学了,厉害而爱生气的个性丝毫没减,有时,看人的眼神都凶巴巴的,非常尖利,说话时语气经常很刻薄。越教养女儿,徐畅越觉得女儿难以相处,甚至有时候觉得被女儿刺得很痛,很伤心。比如早晨起床上学吧,两个人都站在卫生间的洗脸池边梳头洗脸,女儿说:"妈妈你看我这绺头发。"徐畅一看,原来女儿扎好的头发又有一撮给拱起来了。她说:"那妈妈再帮你给弄好吧。"说着就去动手想掖一下那一撮头发,女儿尖利的嗓音突然尖叫起来:"你干吗呀,你真讨厌!"徐畅刚开始吓了一跳,以为揪疼女儿了,但转眼看女儿好像也没什么事,气得徐畅转身出了卫生间。爱人劝了女儿半天,让孩子给妈妈道歉,女儿就是拧着脸,坚决不给妈妈道歉。

还有一次,女儿着急去上学,让妈妈帮她找一下水杯放在哪儿了,妈妈进了厨房和客厅都没有找到。半天没见妈妈出来,女儿急了,从门厅冲进客厅,一眼看见自己的水杯就放在饮水机上方,同时,徐畅也看到了水杯,就在她想开心地跟女儿分享找到水杯的快乐,并解释一下自己哪都找了,可结果就没往饮水机上看时,女儿用一种冷冷的眼神看着徐畅,咬着牙一字一顿地说:"我怀疑你根本就没认真帮我找,不知道你刚才到底都干什么了!"徐畅都快被女儿冷漠的神情和言语气得背过气去。一连好几天,徐畅都没理女儿,女儿也不理她,彼此又僵持了很久。

女儿作文一直不太好,才思不敏捷,素材总是干巴巴的,徐畅每次辅导孩子写作文时都非常苦恼,只能自己在心里一句一句编好了,再一句一句读出来,让孩子写到作业本上。可孩子根本就不跟妈妈好好配合,徐畅让女儿把自己编好的句子写到作文本上,有的

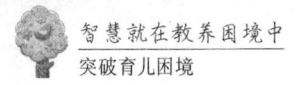
突破育儿困境

句子女儿就写，有的句子女儿感觉不舒服，就硬抗着不写，可徐畅让女儿自己补一句上去，她又半天也写不出一个字来。一到写作文，女儿就和徐畅对抗得很严重。徐畅气得跟女儿说："你不好好写作文，不好好学习，将来是不是想要去捡垃圾啊，到时候别怪我不帮助你，因为你根本不需要我帮助！"

徐畅经常跟丈夫说起女儿的种种不像话，说女儿可能从小有些被奶奶惯坏了，女孩子家这么厉害将来怎么和人相处？徐畅让丈夫好好管一下女儿，可丈夫往往都是让她自己去反省，说什么："你从小在父母身边有些惯着长大，习惯了大家都听你的声音，现在让你听一下女儿的心声，你还不太习惯。"徐畅一跟丈夫谈女儿的事结果总是很生气："什么话？什么叫我被惯坏了？这样的女儿再被爸爸和奶奶这样惯着，一定会出问题的。"

真的是很奇怪，女儿一跟爸爸还有奶奶在一起的时候，总是眉开眼笑的，很少跟他们生起事端，即使偶尔地"厉害"一下子，连徐畅都看不惯了，可爸爸和奶奶都显得特别平静而包容，没有觉得孩子有什么不对的地方，结果矛盾很快就过去了。

女儿是妈妈的镜像？

徐畅这人显得很冷静而独立，说话很理性，言行举止有板有眼的，戴着近视眼镜，说话没有太多的表情。说起丈夫对她的评语，她怎么都不能理解，更不能接受，难道女儿面对她时的神情和个性像自己吗？

徐畅从始至终的表情就是脸一直绷着，一点笑模样都没有，可以说是冷若冰霜，从头到尾几乎没有说女儿一处特别可爱的点，始终在"声讨"着孩子和丈夫还有婆婆，对女儿的"气性大"很不理解，对丈夫和婆婆的"纵容"就更不理解了。说是徐畅冷静严肃，但她谈到内心委屈的地方，她会突然地流出眼泪，哭的时候没有什么声音，也没有什么表情，就是在那里默默地流着泪，这表明她内心有着十分脆弱的地方。

　　徐畅这种理性而冷静并且挑剔的冷淡神色，对正在成长中的孩子的影响很不好。这样的父母尤其是妈妈通常来说智商都很高，在自己的领域里都小有成就，有自己独特的才华，十分自信，但就是因为太过于自信，她们会有固定的思维方式和观念，并且经常会以成年人的思维方式去看待成长中的孩子，他们不理解孩子内心真实的感受和需要，也很少尝试着去理解。

　　比如，徐畅女儿喜欢的也许正是那一撮头发在头上拱起来的翘翘的有趣模样，而她却认为女儿是需要她帮助弄平，反过来，女儿又认为妈妈是在恶意剥夺她的一点点生活的乐趣，因为妈妈平时就不理解自己的心并且"习惯破坏"自己的一点点乐趣。再比如带着女儿写作文，作文是要孩子自己真正有感而发去创作出来的，而徐畅经常自己代替女儿思考，使女儿失去主动性，在女儿不愿意按妈妈的意思去写的时候，她又强逼着孩子去写，孩子对她的抵触情绪就更强烈了。就是因为女儿觉得平时妈妈对她太严厉，她的承受能力早已到极限，所以女儿才会说出这样的话：我怀疑你……你到底干什么……而这样的话，徐畅后来也反思，自己平时就是这样对女儿和丈夫说话的，她几乎没有肯定过丈夫和女儿的优点。从前徐畅

Part 19
善待孩子就是开恩自己

不会认为女儿是自己的镜像,她只认为自己已经为女儿付出太多。

徐畅平时的一言一行其实都在对女儿起着作用,只是这种影响非常潜移默化,但就是因为这种影响很细微不容易察觉,才特别容易渗透给孩子,使孩子有意无意地在内心里去模仿。但同时孩子又是个独立的个体,有自己的尊严和喜怒哀乐,在模仿妈妈的同时,她会在心里与妈妈产生对立面,这种对立面就表现为与妈妈之间的小矛盾、小摩擦,而小矛盾传导到徐畅这里,就会与女儿产生更多的矛盾,徐畅会很生气,引发好几天都不和女儿说话的大矛盾,最后变成母女二人之间的成见。

当女儿以徐畅平日冷冷的态度对待徐畅时,徐畅不肯承认这是她自己,她从来也没有想到自己是这个样子待人的,更没有想到,心爱的女儿会对妈妈有这样的印象。

对于徐畅而言,孩子的"毛病"就是错误的,就是要改正的,一定要指出来并且监督孩子改正。但恰恰女儿与她一样,都是属于表面上装作很镇定,但内心很脆弱,同时又自我保护意识很强的人。越是内心脆弱的人,如果再加上强烈的自我保护意识,她对于别人给予她的鄙夷和不屑就越会很敏感,即便别人没有对她表现出轻蔑,她也能"想象"出来并对别人发起进攻。她有一种特别强的"本事",那就是能迅速地检索出对方的缺点并加以钳制,以达到自我保护的目的,可她并不知道,她的自我保护已经过度地侵犯别人的尊严了。徐畅女儿在妈妈面前,反倒不放松,总有一种过度保护自我的习惯。通常,这种人对别人缺点的发现和挑剔是有道理可循的,那些被挑剔出来的"缺点",往往是别人的软肋,比如徐畅对女儿写作文没有思路及爱生气的指责。对于正在成长中的孩子来讲,孩子的缺点就是孩子的软肋，正是需要妈妈爱护和培养的地方，却经常被妈妈戳得很痛。

要让你的内心渐渐温暖而开阔起来

让徐畅心里感到不平衡的是，自己对女儿生活上关心得不少，学习上管得更多一些，可是，女儿反倒在爸爸和奶奶面前很放松，天性也很欢快，很少给他们找麻烦。徐畅认为丈夫更习惯于谦让女儿，习惯于把对孩子的不满隐忍于心，对待孩子心肠特别软，特别迁就孩子。徐畅认为，这样没有原则地纵容孩子，会把孩子惯得更不好管教。可无论如何，爸爸、奶奶和孩子之间是很融洽的，他们之间即使有一点小冲突也会很快就过去，矛盾不会升级，这是为什么呢？不管什么时候，爸爸、奶奶和孩子之间，他们的心是一体的。

难道妈妈和女儿之间的心就不是一体的吗？

面对徐畅，女儿的防御、进攻和爱生气的个性显现无遗，是女儿自身的问题吗？

是不是妈妈的个性为女儿竖立起一面镜子，女儿只要照到这面镜子，就受到了暗示与感染，从而表现出来徐畅"期待"的个性？

是不是徐畅平时对女儿太过挑剔太过进攻太难以对女儿满意了？

是心胸更狭隘的人能随处发现别人的优点，还是更开阔的人能发现别人的优点？

徐畅应不应该心胸更宽广一些发现女儿的长处，而不是随时随

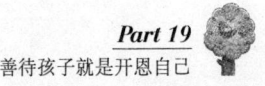

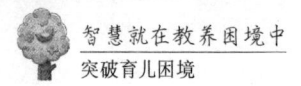

地地去"挑拣"出女儿的缺点并横加指责？

徐畅是不是要在内心发现更多的母爱如春的温暖，从内心渗透出来，蔓延开来，去滋养和感染孩子？

以下的句子父母们可以反复阅读和揣摩：

有一颗美丽的心，才有美丽的一生。

你看对方是什么，对方就是什么。

有慈性才能有磁性。

有爱的地方就有温暖，传递爱就是传递温暖。

每个生命都是上天最珍贵的赏赐，都值得珍惜。

爱能生出爱，只有恨，才会生出恨。

听话的才会碰到听话的，你的心要柔顺起来。

父母要用一生去完成的功课

要给孩子的不足以更合理的解释，并给孩子的良好发展以无限的成长空间。对于孩子的问题，比如徐畅女儿脾气过大、嘴巴不饶人、写作业磨蹭等不足，父母是要非常坚持原则，还是思考一下孩子的问题出现的原因,尤其是父母自身的原因？许多父母都在反思，都在努力提升自己的个性修养，这种觉悟能力非常珍贵，但同时仍有许多父母会一直盯着孩子的问题不放，甚至"千方百计"地在各种场合当着外人的面反复强调孩子如何不好，更有父母在自身个性与行为上为孩子的不足起着"示范"和"促进"的作用，给孩子稚嫩的心理以无以复加的重担。

父母要每天都去做反思功课。父母如果每天不断自省，经常看到的是自己个性的不足以及自身在教育孩子过程中的漏洞，那么父母就很容易发出愿望，比如希望自己的语气更柔和起来，希望自己更理解孩子。如果细心观察，父母会发现自己也可以向孩子学习到更多的长处和道理，于是，父母对孩子的情感就会更加深厚而感激，给予孩子谅解时也会更慷慨起来，而孩子也会因为父母的宽容而与父母更加贴心。

否则，一旦孩子犯错误，父母只单方面看到孩子的个性不足和成长中的漏洞，就会感到隐患随时在危及自己的孩子，父母感到难以承受那些潜在的"危险"，必须对孩子指出来"帮助"她尽快改正，于是就会对孩子横加指责。这样做，通常的结果是什么呢？孩子只会保护自己的自尊心，其他家长也不肯配合你，你看不到令自己满意的教育效果。时间久了，不满意会累积成抑郁寡欢，你会对生活对孩子有更大的担忧、更多的指责。

父母要有追求觉醒和求知的习惯，不能总是按照自己的习惯去教育孩子。父母往往会把自己认为最好的东西给孩子，徐畅会把自己认为最好的作文句子给孩子，孩子恰恰需要的是独立自主，她需要写出的是经过自己身心感觉的句子，哪怕再稚嫩再苍白，也是自己生产的"产品"。一次次地累积自己的感觉，一次次磨砺自己的文思，她的作文能力才能真正地"养"起来，写出更多的美文。为此，孩子需要在写作之前冥思苦想，在孩子经历一阵阵创作之前的孤独困苦时，你才会把最好的东西——独立自主还给孩子，以及孩子为了独立自主所要经历的痛苦甚至挣扎，所有这一切体验，都是

Part 19
善待孩子就是开恩自己

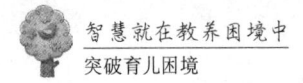

弥足珍贵的。孩子们各有自己的天生的任务和使命，谁也不能取代他们的角色，父母更不可以代替他们成长。

那些个性更独立自主的孩子，内心会更开放，他们的适应性往往是最强的，敢于迎接挑战。越是不被父母接纳的孩子，越是对父母产生依恋，虽然有时这种依恋表现为"反抗依恋"，对父母反抗依恋的孩子，内心充满了矛盾，越是充满矛盾，独自一人面对困境时，就越容易受到挫折。不是外面的困境太艰难了，而是他的内在事先已经困于心境，解决外在困境的能力早已打了折扣，大为不足了。

父母要用一生去完成修身以正的功课。父母对孩子爱的奉献是伟大的，每一个父母都有自身的优点和长处值得孩子去学习，但同时，父母还要加强自身的修养。父母与孩子交往过程中，在各方面都表现得很得当，举手投足都做得恰到好处，孩子就会领悟父母的心愿，但这种"正气"不是一朝一夕就能养成的，需要长年的历练。

父母语言中的非语言因素直接影响孩子，不能对孩子有过多的责怪，也不能有过多的纵容，语气既镇定又柔和，还要平实，不能飘忽不定或过于强硬，语速不能太快，也不能太慢，要适中，说话的声调更是要平要沉要实，神情不能过热也不能过冷，身体动作不能太僵硬。要想端正自己的语言、体态和动作，其实最关键的是，随时都要用心念来控制住自己的语言表达。行为正，思要无邪，每一个念头都可能产生偏差，父母的头脑有偏差，孩子的行为就会产生偏差，那时，再去纠正孩子的行为，而忽略自己心里的偏差，就已经很难了。父母自己的身心都很正，孩子就不起邪念，更不会产生行为问题。

因此，父母们都要尽量做到勤奋、敦厚、朴素、稳重、深沉、镇定、果断、柔和，自己的心愿与行为浑然一体，一个完整一体的成熟个体几乎不会产生任何缝隙，孩子无从看到你的不足，她也无从去学习不足。

结篇寄语

每个孩子都有独特的"成长个性"

孩子的个性会随成长"变脸"

发现了吗？多诚实的孩子有时也会装哭装委屈，或不知从什么时候开始把门反锁上了，或者不知在接谁来的电话，一说就是老半天，突然有一天用手指着父母的鼻子数落，父母真的感到既委屈又困惑。

一直以来的生活中，父母们对自己孩子的脾气个性很熟悉了，突然有一天，父母对孩子从前的印象开始淡去，孩子开始不听话了，行动诡秘了，烦父母唠叨时开始顶嘴了，父母开始不了解孩子的个性了。即便不理解，父母也会按照自己的分析去理解和判断。

父母可能还没有意识到：孩子在成长过程中，有一种变性很强的"成长个性"，其中充满了种种与孩子成长必然趋势相违背的假象，可能表面上会表现得幼稚、任性、依赖、懒惰，但恰恰其可塑性非常强。如果父母在此期间对孩子的心理活动准确清晰地熟知和把握，孩子长大后的个性就会非常和谐成熟，心理更快乐健康；可要是父母简单粗暴地误解和对待，产生不必要的焦虑和抵触情绪，甚至以自己的理解随意责罚孩子，可能就会引起孩子人格上的偏差，人格的偏差是孩子长大后烦恼和痛苦的长期稳定来源。

孩子的"成长个性"如何在内心世界显现

成长中孩子的心理非常敏感。敏感如果因判断准确思维周全而心地友善可以是聪敏、敏锐，如果因充满攻击防御性的幻想，则会变成过敏尖锐。敏感的孩子很聪明，大脑聪明的孩子都很敏感，如果对于自然科学，对于学习知识、发明创造，孩子的敏感是优点，但在人际交往过程中，则要很好地把握敏感心理。成熟健康的敏感能生产出善意，不成熟的敏感则会引起紧张不安、猜忌、自我保护过度甚至无端的愤恨报复，这些都是要由父母在孩子成长过程中，加以细心体会认真引导的。

独生子女的自我意识发展得既张扬又慌张，全家宠爱在一身只能甜蜜一时，没有同伴的童年成长之路注定会使孩子内心充满了惶惑与孤单，除非他属于从童年起就爱上孤独的世界上极少的那一部分思想者。自己喜欢的游戏没有人可以与自己朝夕分享，犯了错误、遇到困难、受到惩罚和打击时，心里的难过失落没有与他同样年龄水平的那样一颗心灵来映照来同情。

他们时而希望所有人包括他自己，都能极度强调属于他一个人的独特和优秀，同时，又发现周围的人都在争取属于各自的自我，他经常处于无尽的自我挑战中，这是很重要的敏感来源。同时，童年里本该充满纯真欢乐的笑声，但现如今的孩子们学习压力都非常大，玩的时间越来越少，开心的时候相对来说少得太多了，于是孩

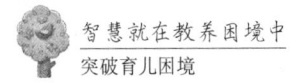

子很少有机会能在游戏中体会和表达各种情绪情感，心里郁结了许多许多情绪，心理成长任务没有及时完成，遇到各种人际情况时不知该怎么办，由此会产生无限的想象猜测。从小生活上身体上被呵护备至，拥有了过度"关怀"的孩子对于生活中的变化非常敏感，尤其是对于父母的冷热态度和起伏的情绪，从声音表情中，甚至语气、语调里，他都在揣摩着父母对他的满意程度和尊重与否。有时，孩子的敏感心理甚至可以使用"惊心动魄"、"心惊肉跳"这样的词语来描述。

通常来说，在童年早期，妈妈在感觉体验上跟孩子格外"通心"，她会更理解孩子的需求和感受并表示关注，而爸爸则往往容易从孩子"你应该怎样"来教育孩子，以外界标准或者父亲心中的标准来要求孩子，没有从孩子内部的中心去理解孩子，使孩子对自己的评价，即在内心深处为自己照镜子时会更模糊更慌张，找不到自己，没有信心。所以孩子小时候往往觉得母亲更可亲，因为妈妈似乎更"理解"自己眼下最真实的感受。

孩子的敏感是一种很精细的心理感觉，若遭遇到很粗重的感觉如发脾气、斥责、误解，甚至得到不顾事实的表扬时，他们就会有受伤害的痛苦，这些痛苦累积在心里久了，就会形成或逆反或自我封闭的个性，不肯和粗心大意说话做事简单的父母说真心话，即使遇到了困难也不肯求助。对于所有成长中的孩子，父母们需要以一种很精细、轻柔的感觉，渐渐渗透与他们交接，要求父母们要以"其律己志刚，接物气也柔"的方式与孩子接触交流并加以引导，这是一种最成熟的教养引导方式，如从山上流下的清泉，丝毫不抵触，不碰撞，不痛又令人清醒镇定，如涓涓细流滋养着孩子的心灵，沉淀了更富含营养的种子——友善而热爱生活的各种愿望，孩子会既敏感又开放，内心持续充满坚实、安宁和自信的感受。

成长中孩子会有意无意地"叛逆"。父母们都知道一些孩子反抗期的知识，比如三岁左右的孩子出现"第一次反抗期"，也有人称之为"自我中心时期"；比如进入青春期后的叛逆期。但有些父母们不懂的是，为什么自己的孩子在成长的全过程中时常会出现叛逆表现，有的孩子甚至父母要求的不去做，不让他去做什么他偏去做。

反抗、叛逆这种词的提出角度首先就需要探讨，提出这样的字眼，就说明父母站在自己的立场上，被孩子对抗了。事实上，对于孩子的同样一种现象，比如不好好写作业还振振有词地顶嘴，甚至发脾气，十个父母有十种想法，有的爸爸被孩子顶撞之后反倒会欣赏孩子，认为孩子很倔强，像自己小时候一样，将来一定好好培养，使孩子更懂道理的同时，个性变得更坚强；有的父母则会认为小孩子不懂事，不跟他一般计较，坚持跟他讲道理；有的父母就会觉得孩子越来越不听话越不服管教了，太逆反了，严厉斥责；还有的母亲甚至被孩子顶撞后伤心委屈地哭了起来，孩子则是会表现得越来越不耐烦越来越反抗。

每个人对同一事件的反应都不同，不同的态度映衬和反照出来的，只是他心理的成熟状态，而不是孩子真的有了这样或那样的糟糕表现。由此说来，父母要与孩子一起成长，父母要深入理解孩子的心理动态，始终关注自己的内在成长。

心理成长中，与其说孩子进入人生第一段反抗期，或青春叛逆期，或评价孩子的个性反抗而叛逆，不如说孩子在成长期间始终都

结篇寄语
每个孩子都有独特的"成长个性"

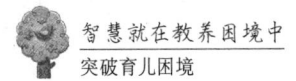

在尝试着发展更和谐的自我意识。自我意识不是以自我为中心，发展自我意识的过程中，孩子始终尝试着寻找自己，自己的需求是否能够实现，比如游戏的需求、爱的需求。他要总是不断地在自己天性任意玩耍的兴奋欲望与父母对他的要求中进行取舍，每天每件事他都要进行取舍，他想尽性欢乐，又想要做父母心中的好孩子，选择就要有冲突，内部的冲突时而表现为外部与父母的冲突。

遭遇到孩子反抗的现象，我们父母要反思的是：这是眼前孩子所表现出来的行为，还是我心里呈现出来的境界？我平时是不是一个喜欢开辟战场、与人尖锐对立的人？是不是我太喋喋不休、咄咄逼人，孩子才忍无可忍了？是不是自己平时就认为自己付出太多承受太多太委屈了？是不是自己忙于事务而就快找不到自我了，所以变得麻木不仁，不理解孩子其实很需要被理解被承认？是不是自己本来就很软弱、依赖，总想找个依靠，而孩子的反抗则表明自己平时太没主意了？是不是自己仍然没有长大，不够自主，而是由孩子的态度来决定自己的心情好坏？是不是自己平时表现得不够稳重不够有尊严，孩子越来越不尊重自己？

如果没有冷静大度地对待孩子的反抗行为，而是一味地自己暗自反复舔舐伤心和愤怒这些错觉和幻觉，甚至基于这些错觉幻觉的基础给予报复性行为来挑起事端激化矛盾，将来对孩子个性发展会产生什么更深重的影响？

试想，如果父母们在面对孩子成长过程中呈现的所有激烈行为、与父母不一致或相反的行为时，都能把这些行为理解为孩子正在发展健全而越来越成熟开放的自我意识，父母就不会认为是孩子在叛逆，不会认为孩子在反抗自己，而是孩子在表现出同周围环境相调和过程中的一种冲突过程,最终,亲子关系以及孩子的个性会和谐圆满的。

成长中孩子有时会表现出来"口是心非"。孩子嘴上答应得好好的事,一到实际就不能做到,让父母十分困惑和苦恼。"以后一定要先写作业再看电视","提醒你好几次,该关电视(电脑)了,你答应了怎么就是不关啊,你还想让我说几遍啊?!""老师说你注意力不集中,你上课要认真听讲,用心啊,我反复跟你说用心,只要你用心,你就能学习好,明白吗?""不能总是上网玩电脑游戏了,你答应过我的!""你说话不算数,我都不想再相信你了!"

父母对孩子的心意是百分百诚恳的,真心希望孩子各方面能发展得更好,身体健康,心情愉快,学习进步,可孩子对父母是否有一样的诚意呢?诚意是一样的,但内心的需求却也不能压抑和忽视,于是,嘴上答应得痛快甚至动听,行为的表现却经常出现偏差。

孩子此时是不是能听懂父母的全部道理,并且能完全彻底地遵照执行?他还没有发展出如此完善的思维和人格,况且,父母提出的许多要求有时会背离孩子发自身心的感受,甚至违背孩子内心世界的声音。

孩子会产生的心理感受是:

你让我关电视,我耳朵是听见了,嘴上也被动地答应了一声,可我由于看电视时间长久了,身体处于很被动的惰性习惯中,不愿动弹也不想改变此时的存在状态。我就想这么待着,待着,一直待下去,不管电视里演什么,不管我喜不喜欢正在看的节目,反正我被电视节目占据着,不想回到由自己做主的现实世界中。我不习惯

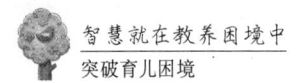
突破育儿困境

变化，不习惯自己动手动脑，要是能不动脑子、不动身体、不动嘴巴地生活在电视世界里不是挺好吗？突然电视被关了，孩子回过神来看到电视机旁怒容满面的妈妈，他知道这是"欢迎"他回到现实世界的神情，更加剧了他与现实生活不和谐的内心印象，下次他是会更自觉更自控一些，还是更沉迷于电视不能自拔？

让我关电脑，我正在和好朋友们联网参加对抗游戏，我突然先撤了，朋友们以后该不带我玩了，再说我就是喜欢玩，哪有爱孩子的父母动不动就让人学习学习的，烦不烦人啊；

让我先写作业再干别的，可我有的是机会做别的，你看不住我，我也看不住自己；

我是答应过上午吃完这根雪糕今天就不再吃了，可到了下午写完作业之前，我的心里就出现了一支可爱雪糕的形象，它越来越清晰地出现在我的眼前、我的手上、我的舌面，不管你怎么说，我都要去冰箱里迅速地拿一根，然后飞快地跑到楼下去玩，这样就听不见你的唠叨了，你总不至于跑过来把雪糕给我抢下来；

我也想好好听父母的话，上课认真听讲，可注意力不听我的，它总是跑到别的地方……

谈到孩子口是心非，父母要留心思考的一点是：是不是在教养孩子的过程中，父母的一句要求提出来了，听孩子答应一声，父母就以为孩子真的听懂了？是不是父母自身比较看重孩子口头承诺，而忽略了孩子的内心承诺？于是，孩子反复出现口是心非时，父母才发现，自己说过的话没有走到孩子心里去，孩子经常用嘴巴来填补父母的期待。

用心，不是反复使用"用心"这个词来实现的，父母若希望孩子用心做事，而不是嘴上敷衍，就要自身更沉着而宁静，更具敏感觉察的智慧，去对孩子诚恳认真地说出要求，心里期望孩子更能自律，同时坚定地执行最后的决定。比如"我提醒你三次了，电视你关还是我关"，而不是简单直接地每天都扯高了声音与孩子吵嚷，这些都无法让孩子心服口服，是心智不成熟的表现。

孩子在成长过程中控制不住自己，父母要细心严密控制，要真正把"成长，听懂道理，自我约束"作为发展目标，而不仅仅就是孩子眼前嘴上答应的一件小事就完成了教育。

成长中孩子会出现情绪低落。孩子是父母的精神寄托，成长中的孩子会因为种种原因而产生苦恼，比如跟要好的朋友闹别扭了，被老师批评了，一次考试没有考好，这些可以称作事件性情绪低落，父母或者安慰或者劝说，都是可以化解的。

然而，孩子在成长过程中，通常是在 13 岁以后，尤其是在男孩子身上，他们会出现持续性情绪低落，这种心理状态似乎看不到什么原因，也不是因为什么特别事件，总之，孩子每天都闷闷不乐，没有什么事情能激起他的兴趣，学习劲头不高，成绩自然也上不去，好像总不在状态上。父母这时候通常心里开始发慌，不知道心爱的孩子犯了什么毛病。

这个时期的孩子身体发育快心理多变，内心活动极为丰富，但他自己判定那些事情又是不能告诉任何人的，他模糊地感到有些东西他要重新认识，心里也升起一些特别的渴望，同时他觉得有深深的负疚感，所以又必须去压抑这些渴望，由此，带来冲动和焦虑的

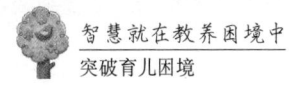

感受。因此,父母们不要简单轻易地认为他是情绪低落。

那些使孩子们既渴望又焦虑同时又产生负疚感的秘密是什么呢?首要一点就是他们开始特别想要强调自我,他们会忽而发现自己真的很优秀,各方面都出色至极,飘飘然陶醉在高度自我评价的良好感觉中,但在几分钟之内,即使没有遇到什么挫折,他们也会突然认为自己一无是处,简直是没有脸见人了,真想赶快找个地缝钻进去;还有,他们会喜欢上异性,朝思暮想,甚至会在心里暗暗喜欢上温和亲切的女老师,那种对异性的渴慕既使他们觉得甜蜜又让他们品味到异常的苦涩;他们对父母,尤其是父亲的批评和斥责特别敏感,抵触心理十分强烈,甚至会把父亲想象成假想敌来抵御,总是在想象中跟父亲对着干……

这个时期的孩子身高已经接近成年人,可心理上依然没有断乳,精神上争取独立,即仍然在学习习惯上不能自控,生活上不能自理。父母把他当大孩子要求,他更希望自己永远是个长不大的宝宝,自我认识处在严重的摇晃之中,甚至有时,羞于见人的他会突然从书房冲出来,捂着半张脸经过客厅,不愿见到客人与家人,到冰箱里迅速取些吃的再冲回书房,眼神更是不敢与人对接!

内心存在着无数的矛盾纠结,情绪低落仅仅是无数情绪冲突的表现假象。而父母则不明白其中的缘由,只是把孩子沉闷无语的状态理解为情绪低落,没有学习和生活的信心。如果父母对此阶段的孩子在态度上忽冷忽热,更会使孩子的自我认识不清晰,比如,孩子如果一次考试没考好,妈妈先是好言安慰又帮孩子分析原因提出办法,之后几分钟,妈妈会突然指责孩子怎么那么不用功不争气不让自己省心,这种一百八十度的态度大转弯会让青春期的孩子感到心惊肉跳！甚至连孩子想偶尔宣泄压抑难过的心情，都只能捂着被子在里面偷偷哭泣，如果被父母听到，有的妈妈竟会一下子冲到孩子房间里大声喊叫："你别来劲，我辛辛苦苦干活给你吃给你喝，你不好好学习，有什么脸哭！"

父母什么都愿意给孩子付出，就是不愿意给他悲伤和痛苦的权利。这样不能承受的父母，给孩子精神成长的压力太大了。面对孩子成长中的情绪低落和情绪起伏，父母要有坚强的意志、柔软的心，而不是脆弱的意志、强硬的心。

成长中的孩子有时会显得意志力薄弱。开学前，面对堆积如山的寒假作业，孩子显现出难以承受作业之重的虚弱；考试前，分明感觉到自己心里发慌没有底，焦虑异常；不能按计划好的去坚持锻炼身体、练琴；学习上、交朋友上一遇到困难就总想退缩，显得没有主意，但一说不上学，甚至退学，却又"坚定"主意；父母一批评他就抹眼泪，或者跟父母大声哭闹耍赖，要说吃什么、玩什么，那就眉开眼笑，特别开心；上课时根本管不住自己，老师怎么说都不听，你说你的，他闹他的。父母忧心忡忡：孩子的意志力怎么可以这么薄弱啊？将来他一个人独立生活时可怎么办呢？而有个别老师则会恨铁不成钢地评价说："你家的孩子太不听话！"父母为此十分揪心。

孩子意志力薄弱会让父母隐约感到担心，其实，如果父母不注重培养孩子坚强的意志，还可能会有更严重甚至说是恐怖的后果。因为意志力薄弱，会让孩子因此而没有主见，会回避生存压力的困境，长大后特别容易受到他人不良习气与社会不良风气的引导，也特别容易沉溺于各种不良嗜好或不健康的生活方式中难以自拔，如吃喝玩乐、黄赌毒。

　　他们或是用父母大把大把的钱谈一场场花期短暂的恋爱，把爱情当游戏，丝毫感受不到也不在意对方有多痛苦的时候就决然与对方分手，再去搜寻下一个他"感兴趣"的目标；或再沉沦些的，就是陷入网络上的奇幻小说中，无休止地交友聊天调侃中，尤其是网络游戏中，那些完全沉溺于网络游戏的孩子，哪怕脑子很聪明也很用功地考上了大学，也会长年累月地不停地打怪升级，神情漠然，精神抑郁，直至被大学宣布试读，二次试读，直至劝退，开除，然后，天天泡在家里除了睡觉打游戏，连饭都懒得吃，父母稍微说一句，脾气就老大，更不用说怜惜父母微薄的退休工资和渐衰的身体。

　　意志力薄弱有着综合复杂的原因，有的父母可能会认为自己的孩子天生就胆子小，自己的孩子是早产，是不是孩子先天就有些不足？事实上，意志力主要是靠后天培养训练出来的。冰冻三尺，非一日之寒，教养出孩子的坚定强大的意志力，做对社会、对家庭、对自己更有益的事情，这需要从童年的时候就开始进行各种行为习惯的引导和培养。

　　依赖、被动、没有长性的孩子容易意志力薄弱，因此，父母要注意督促孩子做事情的独立性、自主性和坚持性，这样的孩子才可能更为自己从而为父母负责任。比如，很小的时候，孩子的自理能力一定要得到锻炼，自己的事情要由他自己来做，做事情多了，遇到难题多了，克服过去了，孩子就会升起更强的自信心；再比如孩子很胖需要减肥，父母就要每天下班吃饭后都去天桥，陪着他，看着他，一步一步往上蹦，培养他的坚持性；还有，孩子刚开始上学写作业时，一定要培养出好习惯，否则越长大越不好管，但父母不必要跟孩子说"你学习又不是给我学的，你要对自己负责，你考好了，将来找个好工作那是你自己享福"等等，而是要和孩子一起去分享成长独立的过程，从发现小目标、鼓励孩子实现小目标、提建议和欣赏孩子的小成就开始做起。

任性、放纵、欲望过强的孩子容易意志力薄弱。现代的社会各种美好的事物无数，玩具、游戏、零食等，如果不利于孩子长久的健康，不利于孩子的成长，父母就要温和而镇定地提醒孩子适当进行克制，否则，孩子在生活中遇到自己想要的东西、想玩的游戏，就会像着了魔一样沉溺进去，一点儿都不听劝，无法控制住自己的欲望，这样的人怎么可能意志力强大？

而有些父母，包括老年父母，看不得孩子吃一点儿苦。

有的爸爸甚至会央求妈妈："别让孩子哭，你就每天送孩子上学的时候给孩子带点儿好吃的，每天接孩子回来时再给孩子在超市里买点儿好吃的吧。"

还有的老人，孩子都已经看了六个小时的电视了，他们只要一换台，孩子一假装哭闹或发脾气，老人立刻妥协。

爸爸长年累月地忙，一说给孩子买玩具，就感觉为孩子补偿的机会终于到了，妈妈当场怎么极力控制不让买的东西，爸爸都深深记住商场所在地点，过两天准给孩子买回来……与其说孩子任性，不如说父母还没有发现，其实自己有时真的很任性。

意志力是孩子长期健康成长的保障，只有心中对孩子的成长有大格局设计能力、监控能力和培养能力的父母，才能用心里无形的保护网护佑出孩子健全的人格。

父母一定要帮助孩子自我约束和自我控制，帮助孩子克服过度

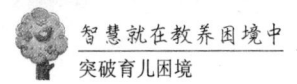

的欲望，每一段时间都学会更多一些的自律，使其意志更加坚强。对于孩子的小小娱乐要求，父母尽量要给予满足，但同时还要监控孩子，不要看电视和打电脑游戏时间过长，不要花钱买零食玩具过多，父母做了决定后一定要坚持住，并且保证态度上还要尊重孩子，否则孩子本来需求没有得到满足已经很失望了，再被父母愤恨地责备数落一通，孩子下次仍是很难约束自己。

不稳重、浮躁、偷懒、耍小聪明的孩子容易意志力薄弱。父母留心一下，孩子有没有平时一放学回来就及时完成作业？是不是做一点儿事就想休息，有一点小成绩就容易骄傲？是不是平时喜欢挑剔别人，以笑话别人的短处为乐？如果是，这样的孩子自己遇到难题时其实心里很没有底气，心里很慌张。有的孩子在写作业时，表现得十分浮躁，一边晃腿，一边听音乐，一边吃巧克力，作业是写完了，可考试时考场却没有家里这些"便利伴随条件"，他就不知道手脚应该往哪里放，失去了从前的伴随条件，他失去了味觉、身体动作以及听觉方面的习惯性依赖，大脑也就一片茫然。考试结果一团糟时，父母也会困惑，平时这些题目孩子都会啊，怎么一考试就错了？孩子因为成绩不稳定而不自信，父母则会把考试发挥失常归因于孩子粗心大意，马虎潦草，又去责备他不用心。孩子被责备得并不心服口服，还会耍赖还嘴。其实，是父母需要培养孩子平时做事的定力习惯，培养他稳重诚恳的性格。

不诚实、心眼儿多的孩子意志力容易薄弱。有的孩子天生就很聪明，有时聪明用对了地方，有时就用在耍花招耍嘴皮子上，果真是他做错了事情，可他就是不肯承认，欺负了小朋友也不肯道歉，对人不够真诚，表现得自私自利，遇到实在躲不过去的责任就会耍赖，即使上了大学后，也有的孩子只愿意在团队中做露脸得荣誉挣别人好感的事情，而把大量枯燥乏味没有什么好处的事情推给别人。事实上，每一个人都对不诚实、心眼儿多的人很反感，因此，这样的孩子会经常受到挫折，甚至遭到集体的排斥。越是这样他就越焦虑，眼神越闪烁，描述事实上越虚假，越频繁地动心眼儿。说谎的人怎么也编不圆自己的谎，谎言从自己的心出发时，就已经破坏了最真实最和谐的自然秩序，而且说谎者的大脑细胞的排列和结构从说谎开始，就已经迷乱了。当父母发现孩子的不诚实问题时，要及时指出并鼓励孩子纠正，真诚和实在是大智慧，没有诚实，孩子的意志力不可能坚定不移。

抑郁而敏感的孩子容易意志力薄弱。孩子的天生气质不同，尤其他们身心的活动性很弱，生命活力乏弱，意志力也就薄弱，父母要注意观察自己的孩子是不是受一点儿打击都会情绪低落。有时，这种打击和挫折就是来源于父母的教养影响，来源于父母的个性，还有父母与他意见不一致，甚至是父母感情不和或离异。还有，就是孩子在外面遇到挫折和伤害时，父母长年粗心大意没有觉察到，因此没有及时疏导压力及时慰藉孩子的心灵。

这种抑郁而敏感的孩子心理感受性很强，同时，他又无能为力去保护自己、反抗命运的安排。多年的不满后，他最后才会沉溺网络游戏，这是对曾经历过的生活的沉默的抗议，他的意志向下滑落着、消沉着，他用堕落来无声地与命运对抗，与父母老师的期待对抗，与自己的健康和前程对抗，让自己的才华、激情、责任，让自己的坚强、勤奋，都在没有希望的降落中埋葬。父母越是惩罚责打这样的孩子，他越是走下坡路，直到有一个人，能彻底地理解他接

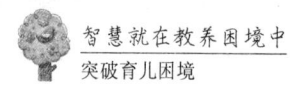

纳他帮助他：他本来就是个好孩子，他从来都是好孩子，他只是需要陪伴、肯定、建议、引导、支持，在他最慌张的时候给他坚定的眼神，轻抚一下他的后脑勺，紧握一下他的手，给他力量。

父母要准备面对的是：孩子成长中的个性矛盾

以上谈到的仅是孩子成长过程中的个性心理特点中的几种，事实上，孩子在成长过程中充满了无数的个性矛盾，他会表现出一些不尽如人意的"缺点"：

如懒惰，其实他很想勤奋，只是他需要持续的激励，但经常得到的却是父母的斥责——"你怎么那么懒散哪，奴役性怎么那么强啊"；

再如粗野急躁，其实他很想获得内心的宁静，尝试着文明和自律，这就需要父母以文明的方式来引导他学习有涵养的举止，有时他从父母那里得到的却是粗暴的吵骂和严厉的惩罚；

还有如胆怯，其实他是多么想做一个勇敢的孩子，他需要考试之前有人不断地鼓励他做一个勇敢的孩子，他需要不断地去尝试各种机会，在害怕的时候父母最好能始终在心里陪伴着他，而不是对他的怯懦的表现失望嘲讽"你真怂，没本事，没出息"；

虽然暂时浮躁浅薄，但孩子渴望得到引导，使幼稚的心渐渐变得更深沉更有思想个性更稳重宽厚……

在孩子心里最深的地方，他完全想从小就学着自主、独立、坚定、宁静、勇敢、坚持、自律、稳重、诚实、勤奋、有活力、热爱生活、热爱科学、热爱父母和老师还有小朋友，他们想学着更宽容，与周围环境更和谐，这是孩子最深的愿望，我们父母一定要努力帮助孩子去实现。

成长中的孩子需要父母做什么？

取代推诿和责备孩子，父母要清醒地看到，孩子在成长过程中，需要在父母那里学习无数健康正确的品质。父母看到孩子的各种表现时，要不断地反观自己的内心，不断思考：如果孩子的习惯不好，是不是自己培养孩子好的学习习惯了？如果孩子的学习能力不强，是不是自己培养孩子的学习能力了？如果孩子任性耍赖不听话，自己有没有很耐心很坚定地一点点引导孩子更自尊更懂道理，而不只是妥协谦让或使用更强硬粗暴的态度把他制服？

每颗种子都要长成参天大树，每个孩子都是天才，都要被培养成为社会所需要的各行各业的人才，而在童年时期，父母培养孩子成熟健全的个性是孩子赖以成才的基础。孩子在成长过程中，需要渐渐培养以下优良个性和观念：真诚，自主，独立，稳重，坚定，喜欢尝试新事物，创新，时常感恩，自尊，自信，责任心，冷静，信任生活的美好等等。因此，在童年里，脆弱无所谓脆弱，叛逆无所谓叛逆，这些都是孩子成长过程中的幻景和假象，孩子成熟健康人格的真正大格局和蓝图在父母心中，此时此刻父母们所要面对的，却是自己对孩子"成长个性"的正确判断、正确引导，把希望和优秀留给孩子。